나는 오늘도 너에게 화를 냈다

給不小心又對孩子大吼大叫的你

韓國最強教養軍師的 9 大育兒方案，養出「好好講就會聽」的孩子

崔旼俊——著　賴毓棻——譯

教養，不只是跟孩子大小聲。

前言　獻給期待以愛與尊重來改變孩子的大人們／9

第一章

控制——在不攻擊孩子的前提下控制他們

CONTENTS | 目錄

第二章 不成熟——孩子們經歷的大多數問題都能交給時間解決

第三章 鬧脾氣——不要被孩子的情緒牽著走

第四章 兄弟姊妹——請控制環境，而不是孩子

第五章 遊戲——找出孩子沉迷於遊戲的真正原因

第六章 學習——請跟他們談論成長，而不是成績

第七章 自尊——孩子的問題來自於自尊

第八章 社會——比起指導，更需要了解他們的想法

第九章 獨立——教育的最終目標就是獨立

結語

前言
獻給期待以愛與尊重來改變孩子的大人們

我曾受邀上一個討論兒童虐待問題的時事紀錄片節目，見到了施虐者本人。他說在與孩子的爭執過程中，由於無法管住自己越演越烈的情緒，就在公共廁所出手打了孩子的頭和賞他耳光。這樣的自己讓他感到非常震驚，因此才會申請來上這個節目。當我只聽到這個事件就去上節目時，原本還以為當事者可能異於他人或平時就有毆打孩子的習慣，但看完了他們日常生活的紀錄影片後，發現那是一個再也平凡不過的家庭。

我花了整整兩天的時間，看了當事者發送給節目組的生活影片，找到了他們之間的共通點——這些家長比任何人都想尊重自己的孩子。在孩子做出不該有的舉動時，他們沒有堅決制止，而是以對待大人的方式看著孩子，幫助他們了解情況。

他們透露出想要成為「像朋友一樣的父母」這個願望也很相似。我小心地推測，這或許是在反映他們小時候想要得到父母這種關愛的心情吧。

但事實卻和他們的期望不同。缺少適當規則的愛與尊重，付出的代價就是將孩子養成了一個無法無天、任性妄為的人，又再次回到令媽媽們疲於應付的習性。

許多人懷抱理想，將孩子當作易碎品對待。但是養育孩子這件事，並不如想像那般美好。

案例中的媽媽不斷用盡全力來忍受孩子不對的要求。孩子沒有停止。過了一段時間後，媽媽開始無視起孩子，這個行為或許是出自於自我保護的本能。但她最後還是像火山爆發一樣，出手攻擊了孩子。影片出現了媽媽狠狠抓住正在哭泣的孩子手臂，拖著他走進廁所的畫面。我們看完這一連串的過程後說了：「她真的忍了很久呢。」

養育孩子就是要不停忍受他們毫無止盡的挑釁。這並不是孩子有問題，而是「孩子的本質」就是如此。因此，如果過度尊重尚未成熟的孩子，或是沒有好好向他們傳達「不可以」，就必須為此付出代價。

能以成熟的方式來制止孩子，而不是他們牽著走或輕易爆發，是當今這個時代教養孩子的必備能力。我們要以避免情緒爆發的成熟方式來處理孩子的情緒，並告知他們這個世界的規則。除了孩子的父母之外，所有與孩子相處的大人都該擁有這項能力。

＊＊＊

這是某次我和JARADA男童美術研究所的老師們聊天時聽到的故事。

「那天孩子們真的非常散漫。所以我就拍了一下桌子，結果他們突然全都安靜下來。那時我才發現，啊，原來也會需要這麼做啊。」

在我一開始創立JARADA時，就下定決心要打造出一個不落入傳統理論，具有實戰性又理想的教育。因此當我從幾位信任的同事那裡聽到這件事的當下，感覺心裡彷彿就像有什麼東西倒塌一樣。有些老師告訴我，光是用在JARADA學到的方式來上課有些困難，所以他們都是以自己在課堂上掌握到的方式來彌補不足之處，這讓我的感觸更加深刻。

我承認在我們的教育中確實缺少了「必須尊重孩子，但不能讓他們予取予求」這一點。就像是對在大紙上畫了一個點就跑來要一張新紙的孩子確切說明，我們無法再給他一張紙的上課規則一樣。

＊＊＊

光是憑藉想要尊重孩子的心情，很難實踐「好的教育」。如果正在翻閱本書的你已經充分地尊重和愛護孩子，卻還是遇到很多狀況，那就必須懷疑自己是否過度陷入尊重的迷思了。

許多專家將孩子問題行為的原因定義為得到的關愛不夠。但只要稍微觀察一下這些實例中的孩子，就會發現情況相反的更多。我們不能輕視孩子在收到滿滿關愛時出現的這些狀況。

在沒有明確區分出不能做的領域時，也會出現問題行為。孩子們會想知道自己的行為可以被容許到哪裡，不斷地進行驚險的挑釁來試探那條底線。在需要告知底線的情況之下，卻只傳達了愛的訊息，如此一來，孩子在成長的過程中，就會學不到真正該學習的東西。

無論是父母還是老師，在實際與孩子相處之前，每個人都會有一套屬於自己的美好哲學。雖然努力想在最快的時間之內實踐自己心目中的那套夢幻教育，但令人惋惜的是，如果光是抱持著這種想法，馬上就會遇到低潮。「尊重孩子本性的教育」聽起來雖然會讓我們熱血沸騰，但在現場出現的這些瑣碎問題，讓我不斷對「平等對待孩子的尊重理念」投下問號。

這是一本以研究現場的資料為背景，讓我們可以瞭解自己到底哪些地方沒注意到的書。如果你也覺得光是接受孩子本性還是不夠，那可就找對書了。

＊
＊
＊

我以先前提到的老師拍桌事件為契機，仔細分析了ＪＡＲＡＤＡ老師們的教學方式。因為有些老師可以做到在尊重孩子的同時，還能營造出良好的教室氛圍；但也有些老師在授課過程中遇上困難而陷入低潮。

我花了很長的時間，在共同的教育哲學之內研究了發生這種差異的原因。同時也研究和整理出可以讓孩子的可能性順利發展的父母具備了哪些特徵、教育在哪些情況之下會變成放任、尊重孩子時容易忽視的有哪些部分、不尊重孩子時產生的確切後果為何等內容。

這本書是專為那些已經熟讀過各種育兒理論，卻難以套用在自己現實育兒生活上的人所寫的。例如在我前面提到於紀錄片節目上見到的當事者中，甚至還有一位已經精通育兒理論到了一定程度，卻不知該如何找出適當時機來套用那些理論。

想要在教育上產生巨大效果，就必須擁有了解什麼時候該尊重孩子的直觀。若你已經針對孩子進行不少研究，卻依舊感覺育兒非常困難，那我想你需要知道該在什麼時候制止孩子的行動，並了解該如何在不產生副作用的情況之下控制孩子。必須了解兒子和女兒之間會有所不同的，也必須了解到在兄弟姊妹之間存在著個人差異。同時還必須在教育者的心中訂下一套該尊重孩子到哪個程度的基準。

我將可以在實際育兒生活中即時帶來幫助的一些原則，濃縮成九個日常生活的關鍵字收錄在本書當中，希望能在各位讀者訂立標準時帶來一些幫助。

在出版《致，被兒子搞瘋的媽媽》一書後，願意「認同孩子原有習性」、相信JARADA教育觀，並與我們同在的父母正在增加，這點令我十分感激。

本書收錄了有關前一本書的下個階段——「認同之後」的內容。我從自己常在演講現場被媽媽問到的問題中，選出重複出現二十次以上的問題，並以此為基礎，針對「無法光靠尊重來解決的育兒問題」提出個人的答覆。

感謝在本書出版之前，向我提問的各位媽媽，以及默默在一旁提供協助的

JARADA教師、院長、幹部和職員們。

在此也要特別對總是默默支持我的家人與親愛的太太、我家老大小愛和老二小信，以及成為我所有教育觀的靈感來源、人在天上的媽媽獻上無盡的愛與感謝。

二〇二〇年　於兒子研究所筆

崔旼俊

第一章

控制

——在不攻擊孩子的前提下控制他們

老師，我今天又對小孩發火了。我真的很不想這樣。其他的媽媽是如何在不被激怒的情況之下教養小孩啊？我甚至可以理解有些媽媽為何在會在某天突然失手揍小孩的心情了。我到底是從哪裡開始做錯呢？

會生氣是自然的，這不是媽媽的錯喔。有許多媽媽都活在這種情緒中呢。妳只要學會該如何以成熟的方式來解決就行了。

成熟的方式嗎？

對。重點是要熟悉在不攻擊孩子的情況之下，該如何以有效的方式來引導他們行為。

這有可能嗎？

當然啊，這是有可能的。首先要從正確了解孩子開始。雖然我們不攻擊孩子，但也不能無條件地一味尊重，必須找出中間的平衡點才行。如果給予太多尊重，最後只會導致激怒你的情形出現。我們每個人都可以在不生氣的情況之下，完全控制住孩子行為，並教導他們。

但我的夢想是成為一個像朋友一樣的媽媽耶……

像朋友一樣的父母是個非常好的目標。但在孩子尚未成熟的這段期間，必須以告訴他們規則為優先。等到孩子都很熟悉規則之後，再成為像朋友一樣的父母也不遲。

體罰可以改變孩子嗎？

我一般會在演講結束後至少花三十分鐘，最多超過一個小時來接受現場提問。其中一定會被問到「該如何控制孩子」這個問題。

「我也不想這樣，但已經束手無策了。我家小孩好好用講的就是不會聽。」喊了一百次叫兒子不要跑，卻得不到效果的媽媽；因為有五個兒子，一整天就在吼叫聲中度過的媽媽；只要一出門，兒子就到處找旋轉門把的媽媽等，我在演講場合上遇到的這些媽媽們都有著各自的難題。

如果這些問題沒有解決而反覆出現，情況就會變得更糟。一些不必要的情緒會累積起來，並在某天突然爆發之後像箭矢般地飛向孩子。在控制孩子上遇到困難的不只是媽媽，就連老師也會有相同的煩惱。

「在教師權威下降後，孩子們就不把老師當一回事了。這也沒辦法。」

要是在以前，可能會覺得「只要用藤條就能解決的問題」，但現在再也無法使用藤條了。在「不用體罰來教養孩子是天方夜譚」這個口號中隱藏的核心訊息，其實是「我們很難只用關愛來改變孩子」。因此，問題的核心並不在於是否體罰，而是我們必須在不體罰的情況之下，以成熟的方式來控制好孩子。

遺憾的是，現在的父母和教師都沒有機會學到該如何以成熟的方式來引導、控制孩子。

我們是在孩子只要一鬧，就用愛的小手來打手心或趕出家門的這種管教方式之下長大。因此現在能想到的處制方式，也就只有威脅或大聲吼叫。如果聲音大到讓孩子嚇到，那至少還能短暫見效，因此無法放棄使用這種方法。不過，只要用了一次這種方式來解決問題，下次就必須再喊得更大聲才有效果了。

「我在叫你，崔旼俊！」

「啊，幹嘛啦？」

必須要經過幾次的爭執，孩子才肯勉強停下有問題的舉動。爭吵到最後，甚至還會讓人手上不禁地拿起藤條。反覆了幾次之後，就會開始擔心和懷疑起自己的管教方式是否正確、是否會對孩子帶來不好的影響等，並為此感到痛苦。

藤條、吼叫、威脅等嚇唬孩子的方式，都只是權宜之計，這只能暫時停止孩子的行為。努力試著讓孩子屈服，總是會帶來不好的結果。大吼大叫這種不成熟的控制方法，最後只會走向必須喊得更大聲、給予更多刺激才能見效的方向。

在學會如何以不攻擊孩子的方法來控制他們之前，我們必須先放下吼叫和藤條這些籌碼。

爭到最後以吼叫來控制孩子的方式，會產生以下兩種問題：一、**孩子會適應這樣的吼叫**。二、**教育者會失去權威**。**每當我們理智線斷掉而大吼大叫時，都會讓孩子留下「那個大人無法調整自己的情緒，是個不成熟的人」這種認知**。當這樣的認知累積下來之後，別說是害怕了，反而很難讓他們乖乖聽話。

這是我長時間下來，在現場觀察孩子們發現的一項事實——他們做出的舉動會因人而異。沒錯，孩子們也正在評價著我們，因此若我們反覆在孩子們面前呈現出無法自我調整的不成熟形象，就難以贏得他們的信任。

得不到孩子信任的大人，就無法教育孩子。這就是即使有些困難，我們還是得拋下吼叫和藤條的原因。

在學會以成熟的方式來控制小孩之前，有一樣東西必須比吼叫和愛的小手更優先放下——存在我們內心深處的好勝心。父母也是人，在看到孩子不斷做出考驗我們耐心的問題舉動時，就會燃起一股好勝心。明明就說不可以了，但孩子還是邊盯著媽媽的眼睛，再重複做一次相同的動作。看見孩子這副模樣，就會產生一定要讓他們屈服的想法。

「崔旼俊，我叫你住手！媽媽生氣了！」

「我不要！我也生氣了！」

「你給我過來！」

非得要在孩子背上使出一記重擊之後，這場勝負才會結束。雖然結束了，但心裡卻感覺不到痛快，因為這是一場沒有贏家的爛泥巴戰。

明明就是為了教育孩子，為何自己會不知不覺地開始計較起輸贏呢？

為了避免被孩子的挑釁牽著走，這裡有個重要的課題——察覺並承認自己的好勝心。必須明白自己在教養變成較量的那一瞬間時，抱持的是什麼心態。必須面對在受到孩子挑釁之前，一直隱藏在內心深處的那股不成熟才行。唯有承認自己在父母生涯中的不成熟，戒掉吼叫和愛的小手後，才能以成熟的方式來控管小孩。

給成長中家庭的一句話

如果一直和孩子發生爭執，就這麼告訴自己：「吼叫和鞭子可以讓孩子暫時停下來，卻無法改變他們。就算需要花上一點時間，也要朝著正確的方向開始。」

即使給予尊重，孩子還是鬧個不停

這是發生在我擔任教師新手時期的事。當時，我只抱著要將孩子們當成大人般對待和尊重的想法就開始上課了。但是在心裡的某個角落，有個聲音一直在吶喊，告訴我那樣的尊重似乎有哪裡不太對勁。儘管如此，我依然沒有祭出規則來控制孩子們過分的舉動。現在回想起來，當時的我只有一股腦地懷抱著對孩子們的愛與熱情，卻不曾好好教導過他們，只是在等待著他們做出改變。

例如，當孩子出現不該有的舉動時，我並沒有以老師的身分加以制止，而是以無視等待他停止行為。雖然這種方式有時可以發揮效果，但對某些孩子來說，卻是毫無用武之地。

某天，有個孩子說了「我要做魔法藥水！」後，就在教室裡到處灑水。我在尊重孩子的名義之下，始終沒有制止他的行為。因為我相信只要認同和尊重他，那孩子就會信任我。但後來怎麼樣了呢？令人出乎意料的是，他大哭著說要回家。課程就在這種情況之下結束了。要是我現在再遇到那個孩子，一定會這麼告訴他：「你不能在這裡灑水，這是規定。」

在某些情況之下，我們必須明確告知孩子每個人都必須遵守的規則，他們才會有安全感。這是我和孩子們相處了幾年之後才得知的事實。

孩子們之所以會出現問題舉動，不僅單純是想要取得大人的注意，有時更是為了在同齡朋友中得到認可才會做出那樣的舉動；有時則是出於本能。因此也會遇到一些不能對這些行為袖手旁觀的情況。

這種時候，如果我們將尊重孩子人格的概念誤解成「放任孩子愛怎麼做就怎麼做」並反映到行動上，那麼教育者終究得為此付出代價。

為了糾正錯誤行為而制止某人，是一件令人感到負擔的事。當然，這不會因為對方是小孩，負擔就能減少一些。然而，當我們在糾正孩子錯誤行為上搖擺不定時，就是教育者的怠忽職守了。

教育者會面臨無數次必須打壓孩子自主決定權的情況。孩子們控制不住自己，並以焦急的心情看著我們。他們會在教育者容許的範圍內，衡量行動的範圍。就像是「不可以」、「不對」一樣。即使不是孩子們當下想要聽到的話，該說還是要說。為了避免讓孩子感受到不必要的情緒，我們必須明確地告訴他們：

「時間到了，你現在該上床睡覺了。」

「就算你現在想這麼做，也要忍住。」

那些對於要說出這種話而感到負擔的大人會說：

「你到底要什麼時候才睡？」

「你為什麼一直不睡，搞得媽媽這麼累？」

各位請記住，教養並不是一個傾吐自身情緒和辛勞的過程。另外，正確教養的第一個原則就是不讓孩子在情境中感受到不必要的情緒。

當我們不習慣以簡潔的方式傳達該做事項時，就會開始投入不必要的情緒。這裡舉個例子，想像一下主管正在談論下屬失誤的情境。如果主管說「這個部分因為這樣所以錯了，必須修正才行」，就是簡短有力的傳達；如果他說的是「你就是因為這樣，評價才會一直都那麼低嘛。你以前也犯過一樣的錯吧？我看你之前發現給業者時，也是一直遇到這種問題，這麼看來都是相關的嘛！」，就會令人感到憤怒，進而說出「發信給業者的那件事又不是我的錯，太過分了吧！」這種話來。

教養也是如此。如果從一開始就投入不必要的情緒，說出口的話就會失去效力。為了進行正確教養，我們必須先從減少不必要的發言開始練習。

接下來，我想跟各位分享，不必要的情緒其實是出自於過度尊重的原因。和主管們聊過之後，才發現他們其實隱忍了不少。我認為這些會突然像爆發似地叨唸下屬一堆廢話的主管，共同點都是平時太過尊重下屬了。但站在團隊成員的角度來看，可以說是在完全不了解內情的情況之下受到攻擊。

親子之間也是一樣。「你這個孩子叫人不得不發火！」這句話裡包含了自己早就隱忍很久的意思，但孩子卻完全無從得知父母究竟經歷了那些忍耐的過程。

如果過度尊重問題行為而期待孩子可以自我約束，那就只能一直生氣。請拋棄想要完全尊重孩子所有一切的心態吧。我們的孩子，還只是個孩子。

給成長中家庭的一句話

想要管制孩子時，請簡短地說出這句話：「這是規定。」

孩子會在外面用更大的聲音來挑釁我

「他只要在我說住手的時候停下來就好。真不知道為何非得要讓我再重複一模一樣的話。」

我每次都會聽到父母這麼訴苦。這當然非常令人生氣。當我們說了「住手」，孩子卻回說「不要」時，心裡感覺就像是有什麼東西炸開似的。但這種你叫他住手，他又再重複做出一次同樣舉動的孩子其實很正常。原本人類就不是你說了一次就聽得進去的存在。因為人類存在著自我意志、自我、迷因（meme），才會與動物如此不同。

三歲孩童打父母一巴掌，並不是悖逆的行為，而是他想要了解自己可以做到哪裡。這是試探底線和探索世界的正常行為。只是我們可以制止孩子的小手，輕輕看著他的眼睛告訴他：「不可以亂打人。」

教育者必須領悟控制孩子的方法，這非常重要。如果學不會以最低界線的規則來控制孩子，那麼後果可是非常可怕的。在家裡面對彼此的不完美是可以的，但如果要以這個狀態走出戶外與他人相處時，尚未解決的問題狀況就會傾巢而出。這時，我最常被問到的就是這個：

「只要出門在外，孩子就會仗著其他人的視線，開始耍賴，明明他在家裡就不會這樣。我該怎麼做才好？難道我在外面也要像在家裡一樣對他發火嗎？」

由於這個問題誤將「教養」定義成「教訓」，所以更難解決。教養並不是藉由讓孩子驚恐來制服行動，或是以大發雷霆的方式吵贏他。我們只需要將定義修改成「教導孩子出了家門之後，自由的底線在哪」，就可以輕易解決掉這個問題。

正如大家所想，孩子之所以在外面更常耍賴，是因為他們確切掌握到教育者在他人面前會變得軟弱的連結。而這種時候特別容易引起教育者的好勝心。抱著「你以為我會退讓嗎？」的心態，更想在大家面前狠狠地教訓他一頓。以這種方式來制服孩子，給他「不可以」的訊息，大概能贏個一天左右吧。但孩子在這種反覆下來的鬥爭之中，很難不感到厭倦。

這場在外與孩子展開的鬥爭中，教育者雖然會失去很多東西，但孩子卻幾乎沒有損失。即使媽媽靠著吼叫迅速壓住了孩子，但那一瞬間換來的尷尬，也會耗損教養的持久性。再加上，如果是陌生人或許還好，但公婆或其他親戚絕不可能坐視這種情況不管。

「幹嘛沒事這樣兇孩子？讓他這麼做不就好了。」當孩子的援軍一旦出現，他就會想到自己先前受到的委屈，開始放聲大哭。但真正想哭的，應該另有其人吧。

唯有在修正完教養的定義之後，才有辦法斬斷這一切的惡性循環。正因為我們將教養定義成「教訓」及「讓孩子屈服的過程」，才會引發這些問題。

教養並不是非得有一方獲勝才能結束的鬥爭或運動競技，而是「不被尚未成熟的孩子牽著走，並教導他社會規則的過程」。我們不該被孩子耍賴或不成熟的要求牽著鼻子走，而是應該要起身看著孩子的眼睛，反覆地告訴他該遵守的規則。即使孩子想要一決勝負，將教育者拉進一場爛泥巴戰中，我們也要從容地拒絕這項邀請，否則只會引發孩子的好勝心。當教養變成較量的那一剎那，我們真正該教育的事情就會沉入谷底。甚至連自己為何要教訓孩子都想不起來，形成只記得負面情感的惡性循環。

給成長中家庭的一句話

當孩子在外面失控時，請這麼告訴他：「這裡是外面，在這裡吵鬧會影響到其他人。有什麼事我們回家再說。」

越是管教孩子就越愛耍賴

很多媽媽都在問我該如何應付孩子的牛脾氣。他們一固執起來，自然是無法可管。我通常會詢問那些煩惱孩子愛耍賴的父母這兩個問題：

「孩子一般會在哪種情況之下耍賴？」

「你是如何明確地向孩子說『不』？」

因為有時大人會以含糊地方式來向孩子說「不」。

「我告訴他如果要妨礙我開車，就得自己走路回家」有些媽媽會如此說明情況，也有媽媽會說「你再這樣就不要跟我說話」這種話，這時我會再繼續追問。

「這樣啊。那妳是用什麼句子，明確地說出『不行』這兩個字呢？」

或許是因為曾在哪裡聽說過「不行」這兩個字對孩子的精神有害，因此我們常常無法準確地傳達「不行」這個訊息。但不能做的事情，還是必須一開始就向孩子直說，這樣他們才會放棄。迅速準確表明立場，可以減少孩子的痛苦。

如果不向孩子說「不」，而是想要教育他們，孩子可能會抱著「啊，那只要我再表現得激烈一點，媽媽就會答應了」這種期望而引發問題。

以日常生活中的對話為例。為了婉轉一點表達「不能在車上看手機」，而說出「你這樣眼睛會壞掉」、「你再這樣就自己走路去」等，就會讓孩子抱著「那只要我能忍受眼睛壞掉，就可以繼續看的意思嗎？」這種錯誤期望而造成問題。還是要明確地說出「看電視要坐遠一點」、「媽媽開車時不准那樣耍賴」會比較好。當然，孩子有可能會在當下大哭或感到傷心就是了。

比起因為怕孩子哭而一拖再拖，造成孩子的混淆，倒不如一開始就給出明確的指示，這樣孩子才比較容易放下自己的固執。請務必記住，不肯明確說「不」，無疑是在給予孩子不切實際的希望。

在這些情境中，有個重要核心請教育者務必銘記在心——我們必須擺脫害怕制止孩子的這種心態才行。不管是什麼情形，當你必須在孩子充滿期待的情況之下打消他的期望和行為時，請先做個大大的深呼吸，做好接下來可能引發一些狀況的心理準備。

有個永遠不變的事實——越晚說「不」，就會讓情況變得越糟。眾多的育兒書都會強調原則和一慣性，就是為了要管理好期望。如果你允許孩子在這週末玩智慧型手機，那麼他會期待自己在下個週末也能玩手機。在孩子的期望當中，最糟糕的就是他們認為只要死纏爛打、吵到父母受不了，自己就能隨心所欲。我們有時必須與孩子的期望鬥爭。這場鬥爭既漫長又累人。因為難以區分必須要接受和打消哪些期望，所以會覺得非常艱難。教育者必須訂立出一套基準，這套基準將會成為教育子女的準則。

很多人問我「可以讓三歲的小孩看電視嗎？」、「可以讓四歲的小孩看手機嗎？」、「該讓六歲的小孩接觸多少媒體才較恰當？」等問題。我大概能猜到這些父母花了多少時間來反覆煩惱這些事情。我總是這麼回答他們。

「一切端看孩子所處的環境和期望值而定。」

教育者在向他人詢問合理底線和平均值之前，必須先問一問自己，在自己的心底和親子之間有那些規則、和孩子達成了多少協議等等。

特別是要明確區分出在哪些情況之下，必須向孩子說明不能那麼做的理由，或是得明確說「不」來制止他們的行為，因為孩子判斷情勢的速度，在本能上比大人還要更快。如果覺得說「不」會感到負擔，而無法在必要的時刻開口，就會讓孩子痛苦更久。

讓我們再回到孩子在車上看手機的問題。在翻閱本書之前，你可能會說：

「旼俊，在車上看手機眼睛會壞掉，這樣就要去看醫生了喔。」

「如果旼俊一直看手機，眼睛就會壞掉，這樣媽媽會很難過耶。」

「沒辦法了，旼俊你下車自己走回家吧。」

這些不必要的發言都會造成錯誤的期望，我們應該將對話改成下列這種形式：

「旼俊，**不能**在車上看手機喔。」

「原來旼俊那麼想看手機啊，可是還是**不行喔**。」

「旼俊很傷心啊，可是還是**不行喔**。」

「是嗎？可是還是**不行耶**。」

唯有父母的立場明確，孩子才能輕易放棄。請記得，**孩子是不會對樹木或石頭要賴的。他們只會針對那些沒有明確立場、容易動搖的人要賴而已。**

給成長中家庭的一句話

請堅決地對想要固執到底的孩子說出：「不行。」

要打消孩子的期望實在太困難了

當必須打消孩子期望的時刻來臨，就要放下心裡負擔，明確做出區分，並向他們傳達哪些是他們無法期望、哪些是可以期望的東西。我將這稱作「期望管理」。

孩子期待著週末要去游泳池玩，但光是想像要打消這項期望就已經覺得累人。如果你已經告訴孩子「這個週末如果你們好好表現，我們就可以去游泳池玩」，那麼除非是發生天災，最好還是要帶他們去游泳池玩。

如果孩子期待著整個週末都能用手機看影片，那爸爸想去露營的期望就難以實現了。這一切問題都是由於孩子正在期待。

正確的期望管理就是在週末無法去游泳池時，提前告知他們沒辦法去；明確告知無法整個週末都在看手機等這些事情。

世事不會總是按照計畫進行。原本以為一定能遵守去游泳池的約定，卻因為突然下雨而無法成行；也很可能因為孩子突然得了腸胃炎，而無法讓他吃在這世上最愛的麵包。

像這樣打消孩子期望最好的辦法，就是總是明確地向他們說明情況，區分出「可行」和「不可行」的東西，並表明自己的立場。

為了不讓孩子擴大期望，必須要以最準確和坦率的態度來向他們說明現況，這樣才有助於讓孩子盡快放棄。

有一次電視台說要來拍攝有關兒子教養的紀錄片，向我提出協助拍攝的請求。到了說好的那天，攝影組並未出現，所以我聯絡他們，但他們只說了之後會再聯絡我。為了協助這場拍攝，我們已經向兩萬名社團會員發出公告，也早已取得周遭人士的諒解。後來我才知道，他們因為企劃方向生變，拍攝一事早已告吹，卻因為感到愧疚而一拖再拖地沒有聯絡我們。

如果能在拍攝告吹時就馬上告知，就能在不產生芥蒂的情況之下結束這一切。但如果不斷拖延和隱瞞該告知的事項，最後只會累積了不必要的情感和誤會。我也曾經發生過沒有向對方明確表達立場，而造成對方痛苦的事情。如果因為出於愧疚而一再拖延，沒有向對方通知早已決定好的事情，即便只是一件小事，也會引發不必要的情感。

在養育孩子的過程中，很多時候都必須明確表達出自己的立場。父母之所以需要堅定立場，都是為了減少不必要的期待。有時拐彎抹角地解釋完原因後，發現孩子也能聽得懂，這時候我們就會認為「孩子長大了」，就把他們當作大人。但問題是孩子並非真正的大人，只是一個模仿出來的不成熟存在。有些時候他們雖然聽懂了，但想要耍賴的時候還是會耍賴。結果我們將孩子當成大人來勸導，但這一套沒用時，就會靠行動來逼他們就範，例如叫他們從行駛中的車子下車、永遠不要吃飯，告訴他「媽媽要走了，你自己待在這裡」等等。我希望各位能將說出這些話來迫使孩子屈服的行為，看作是展現出自己不成熟那一面的表現。**比起害怕傷到孩子**

的心而繞著圈子說了一百句話，倒不如溫柔堅定地對他們說一句「不行」。這對孩子的人生來說反而更有益處。

我也曾經有過這種因害怕孩子會受傷、會誤會自己不被疼愛而無法對他們說「不」的教育者心態。

但孩子們會清楚記得父母和老師平時的疼愛。我想藉由本書告訴各位，雖然孩子很可能會因為聽到「不行」而當場耍賴、傷心難過和發脾氣，但他們是不會因此覺得父母和老師不愛自己的。

給成長中家庭的一句話

請這麼告訴孩子：「現在不可以。」

孩子會怒罵媽媽

我替一位孩子上國小二年級的媽媽進行諮商。她擔心孩子就只怕爸爸，覺得她很好欺負。

「好欺負……難道是孩子不守信用，或是對妳沒禮貌嗎？」

我從這位媽媽的臉上感覺到她苦惱了很久，所以我問了一下孩子的嚴重程度。她說孩子不僅不守信用、很容易生氣，還會怒罵她。國小二年級的孩子竟然會罵自己的媽媽。從大人的立場來看，實在令人難以接受。因此我又問她是怎麼應對的。

「我叫他不要罵人，也訓了他一頓，甚至還去了一趟諮商室。他們建議我要再兇一點和體罰他。當時他確實乖了好一陣子……」

她沒有繼續說下去，因為孩子並沒有太大的改變。在育兒生活中，我們常能見到媽媽不管怎麼應對，都對孩子的問題行為似乎不太見效的情況。反而還會因為強度變得越來越嚴重，讓父母更吃驚地說出「他還是第一次這樣」。

我再度問她。

「妳心目中的理想父母應該是什麼模樣呢？」

我得到了這樣的回答。

「這個嘛……應該就是給孩子很多關愛、常常陪孩子一起玩、可以跟孩子溝通的父母吧？」

「簡單來說就是像朋友一樣的父母嗎？」

「對，就是那樣沒錯。」

在教育剛開始成長的孩子時，我建議各位先暫時拋下想要成為「像朋友一樣的父母」這種欲望。跟孩子像朋友一樣的階段，等到孩子在生理上充分成長，道德觀念也更成熟之後再開始也不嫌晚。現在這個時期最好能對孩子不該出現的行為確保住控制權。

越是管不住孩子的父母，就會越考慮提高體罰強度的方法。但在孩子們眼裡，有些媽媽即使實施了體罰還是很可笑；有些媽媽就算不實施體罰還是很可怕。核心重點並不在於體罰，而是要讓孩子認知到媽媽會「說到做到」。我在諮商的同時，又再次向那位媽媽發問：「如果需要我的幫忙，那我們最好先一起決定好一個項目。妳絕不想讓孩子做、想要禁止他去做的是什麼？」

「我希望他可以不要對我那麼沒禮貌。」

我當場和那位媽媽一起訂下只教孩子「不准對媽媽沒禮貌」這條規則的目標後，再度回到問題上。如果一次教太多規則，孩子可能連一項都學不會。事實上，更大的問題在於規則訂得越多，媽媽就越難遵守自己說過的話。如果教育者連和孩子之間的小約定都做不到，就一定會失去權威。**想教育孩子，重要的是必須打從一開始就得訂下自己能夠遵守的約定。**

在這個邏輯之下，所有的教育者都必須記住一件事——在每次的管教之前，都要先確認名目是否確實。如果沒有確實的名目，即使管教了，也會很快就會失去動力。當「孩子說的也有道理，不然就照他說的做吧？」這個想法的出現一剎那，孩子便會不可思議地察覺到這種心態。那麼父母的管教，自然就會失去力量。

因此，從今天起，我們要堅決地和那副模樣說再見。媽媽越是表現出堅定的模樣，孩子就會學到「媽媽在我必須遵守規則的時候不會退讓」。

「孩子又因為罵人而被我訓了一頓。他可能是太傷心了，所以立刻放聲大哭，讓我懷疑自己做錯了。如果太過堅決地管教他，孩子不會太辛苦嗎？」

越是了解孩子有多麼脆弱的父母，就越想要避免孩子受到傷害。這似乎是只有父母才會擁有的愛吧。於是我向她解釋：

「孩子比妳想的還要堅強，所以不用擔心。當孩子對妳無禮時，請告訴他不可以這樣做。必須要堅定一點才行。重點不是要『可怕』，而是要『貫徹始終』才行。即使有不好應付的旁人在，也不能有例外。這樣孩子才會覺得『啊，這是無法改變的』並學著適應。」

那位媽媽這才像是得到了勇氣。

「那我要展現這副堅定的樣子到什麼時候呢？我其實很容易心軟……」

老實說，我很難用數字回答出一個明確的時間。但我能告訴你們可以看出什麼時候能夠停止的提示。

宣布絕對不能做的事情，並貫徹始終地執行。當孩子能適應到那個地步時，就會這麼想：

「我現在要聽媽媽的話了。」

這就是開始學習了。我們只要重複這個過程三次就好。即使失敗了，三次也能學會。適應服從媽媽的過程也是一樣，只要三次孩子就能充分熟悉這件事情。

一開始雖然會覺得有些刻意，但只要過了三次，媽媽和孩子之間的氣氛就會轉變。重點在於要形成「一定要服從媽媽」這種氛圍。

給成長中家庭的一句話

請這麼告訴孩子：「媽媽說到做到。」

孩子太敏感，就連一點小事也會跟自己過不去

「老師，我真的快被孩子搞瘋了，每件事都鬧得跟戰爭沒有兩樣。就連叫他去換個衣服或刷牙，都無法乖乖照做。我快被累死了。」

讓父母感到最疲憊的其中一件事，就是叫孩子停下手中的事情，照著自己的指示去做。

對孩子來說，當然有不肯聽從大人的理由。例如，當孩子該洗澡時，父母常常只在自己心裡想著「讓他多玩一下，再叫他趕快去洗澡。」

然後突然這麼通知孩子：「你已經玩夠了吧，趕快去洗澡睡覺。」

接著孩子就會縮成一團，巴在媽媽手臂上不肯走。每到這種時候媽媽都會無法理解，煩惱著「其他家庭也是這樣嗎？我該更強硬一點嗎？」有時甚至會照著書上學到的內容說說看：「不行！我叫你去洗澡就去洗澡。」

雖然態度很堅決，但孩子開始哭個不停，最後媽媽只好開始說服孩子。這樣的惡性循環是從哪裡開始的呢？

在親子間的衝突中，大多都是來自於必須叫孩子去做他們討厭的事情。有些孩子對於洗澡較為敏感，有些是讀書，有些則是吃飯。儘管如此，父母還是不斷地叫他們去做這些事情。

如果在洗澡途中曾經引發生過幾次戰爭，那麼在開口叫小孩洗澡之前，早已圍繞著一股緊張氣氛，最後甚至會出現「幫小孩洗個澡就累成這樣了，以後我還要怎麼生活啊？」的想法而感到挫折。

這時需要的教養技巧就是「預告」。這是先替孩子在腦海中描繪出接下來必須要做什麼事的行動；是賦予媽媽指示的正當性，可以穩定心靈的重要技術。

如果很難讓小孩一回到家就立刻洗手，那我建議可以試著養成在回家之前至少先預告三次的習慣。

「旼俊啊，回家之後要馬上去廁所洗手喔。」

「媽媽說過回家之後要先做什麼？沒錯，就是洗手。」

「旼俊，打開家門之後就要馬上去廁所洗手喔。」

這些小小的行動可以帶給敏感的孩子安定感，讓他們做好心理準備。反過來說，若要求孩子做出沒有被預告的行動，那麼即使像是刷牙這種每天的例行公事，孩子也會覺得自己的權利受到侵害。

不僅是孩子，大人也是一樣。大部分的人如果遇到意想不到的事情，都會覺得有些掃興。原本週末想要好好休息，卻突然被老闆叫去公司；原本想要負責設計工作才會進到這間公司，結果卻被發派一些意想不到的業務，這樣心情當然不可能會好到哪裡去。做到事前告知，讓彼此都有一些時間可以做好心理準備，這可說是在同一團隊裡面的人彼此應該遵守的最低限度禮儀。

以這個層面來說，父母和孩子在同一個圈子裡，也屬於同一個團隊。那麼做到事前預告，就如同堅決告知該做的事情，不做出退讓一樣重要。

這對於那些喜歡玩水，每次洗好澡要出來時總是大哭的孩子來說，具有決定性的幫助；對於那些一進到親子餐廳就不肯離開的孩子來說也是如此。

「欸，我們等等要走了喔。你在玩的時候要先做好心理準備喔。」

「再過五分鐘就要走了喔，現在快去想再玩一次的地方好好玩一下吧。」

「再過一分鐘我們就要走了喔，你要做好心理準備。」

像這樣依序進行告知後，等到時間一到，包包揹上就能離開了。

預告的力量會在最後一刻展現出來。如果事先有好好預告過了，孩子就不會哭得太久。

如果孩子哭個沒完沒了，甚至還亂發脾氣，其本質上的原因並非「我還想要繼續玩，可是要回家了」，而是在氣「你們沒有經過我的同意，就強制地把我拉走」這件事情。同樣的道理，孩子們之所以會一而再，再而三地做出媽媽制止過的行為，其真正的原因是想要展現出「我也有自己的想法和自我！」這種心態。必須要在孩子敏感的領域喊停時，預告是可以減少戰爭的重要因素。

有一位孩子的媽媽跟我說，如果趁孩子上幼兒園的期間將玩具收好，等到他回到家之後就會非常憤怒，因此完全無法收拾。為什麼這個孩子不肯讓父母收拾玩具呢？孩子在自己的玩具被收起來之後，感到憤怒的真正原因究竟是什麼？

這是因為玩具其實包含了孩子的自我。我們試著這麼想一下。如果別人突然指出我在企劃書上的不足之處，就會感覺到自己好像被攻擊了一樣。更何況還是突然受到指責，就會更覺得自己沒有受到尊重而生氣。這位孩子應該也將父母收拾玩具的這個行為與「這是不尊重我、攻擊我的行為」做出連結了。

這時需要的育兒技術就是預告。

「一定要把玩具收好才可以喔，但是媽媽沒有要照著自己的想法去做。我會再給你一點時間，等等我們一起收拾吧。」

「預告」除了向孩子傳遞「該做的事情一定要做」的這個訊息外，同時也等於

向他告知「這不是我自己隨便決定的」這項事實。只要有經歷這樣的過程，孩子就不至於會發脾氣。而不帶怒意的哭泣也不會持續太久。

有時我們自認採取了正確的管教方式，但孩子還是可能會哭鬧不停，甚至發出尖叫。這種時候必須要再回過頭來確認一下孩子是否感到焦慮，或是覺得自己受到不公平的對待。在這種情況之下，如果繼續管教，只會朝著不好的方向前進。

因此請務必做到事先向孩子告知。預告是可以同時消除孩子感覺不受公平與焦慮的情緒，並可以給予尊重的重要教養技巧。

給成長中家庭的一句話

請這麼告訴孩子：「我們現在要走了。你去開心地玩好最後一次再過來吧。還有，要做好心理準備喔。」

我可以用力量來制服孩子嗎？

「媽媽叫你住手！」
「喂！給我住手！」
「崔—旼—俊！」

這是媽媽平時常用的三階段組合。我就是聽這種話長大的。在這種三階段組合中，包含了想要讓孩子屈服的意志在內。雖然一開始的前幾次用這種方法可以迅速見效，但過一段時間之後，效果就會砍半，因為這會觸發孩子們的好勝心。

越是無法自我控制的孩子，就越容易將媽媽的控制視為較量。然而，即使在這種情況之下，有時也會面臨必須爭到最後的局面。當孩子無視於媽媽的警告時，我們就不能繼續只是口頭上說說。這時需要的是「在不產生不必要情緒的底線之下，進行物理上制止」。

有一次，我女兒在高速公路行駛的途中，不停掙扎吵著她不要坐安全座椅。她在後座又哭又叫。我太太試著安撫她、威脅她，最後開始坐立不安。隨著女兒哭泣和鬧脾氣的時間拉長，太太也越來越辛苦。

這是所有養育孩子的人都至少會經歷一次的常見情況。我先是檢查了孩子是否有哪裡不舒服或是其他生理上的問題。雖然可能是到了她想睡的時間，但看起來沒有其他問題。她似乎是因為爸媽不聽從自己的要求而感到憤怒。

這種時候我們沒有其他選擇，需要在物理上制止。但如果想要順利的達成物理制止，會需要一些程序。只要稍有不慎就會替孩子帶來恐懼感，也可能會粉碎與孩子間的信任。這可能會替孩子帶來像是創傷的經驗或記憶，所以必須謹慎才行。因為沒有經過程序的強烈物理制止，只會帶給孩子強烈的憤怒和屈辱感而已。

我看了一下女兒的眼睛，她似乎是覺得在坐上安全座椅之前，我們並沒有詢問過她的意願或事先做出預告而覺得自己受到攻擊。她對於自己未經同意就被綁在安全座椅感到強烈不滿。要是知道她的狀態會這麼敏感，我就會在將她抱上安全座椅之前先做出充分預告了。即使現在已經太遲了，該說話的還是得說。

「小愛，一定要坐安全座椅才行。如果妳一直哭，爸爸就要往回開了喔。」

在不得不進行物理制止時，也要做到事前預告。因為停車之後往回開這個行為本身也可能會造成孩子焦慮，所以我告訴她「爸爸沒有無視妳，但我馬上就要停車往回開了」。我往前開了一會兒，看見一個休息站，於是慢慢停下車，對女兒再做一次預告。

「我現在要停下車，往回開了喔。」

這些行動對孩子來說，是要讓他們知道現在所發生的事並不是威脅或較量的重要信號。

之後，我將女兒暫時抱出車外輕拍著她，充分地整理她的情緒。

「小愛，妳是因為爸爸硬將妳抱上安全座椅才會那麼傷心啊。可是小愛在搭車時如果沒有坐在安全座椅上就太危險了，所以一定要坐安全座椅才可以喔。」

人在某些情況之下，只要覺得別人不聽自己的話，就會感到強烈的憤怒。在開始管教孩子之前，先透過言語替孩子將想法講出來再整理情境，將會在控制孩子的情緒上帶來很大幫助。

然而，該做的事情還是不能逃避，必須再次有力地說明。即使看見孩子的眼淚會讓人感受壓力，但現在哭總是比較好的。這次她即使還是大哭，眼淚已經與先前不同了。之前的眼淚是憤怒的眼淚，是無法溝通的鬱悶；現在的則是感覺自己被接納的眼淚。

「我們現在要坐安全座椅了喔。」

女兒在聽到這句話的瞬間，又開始哭了出來。這是合理的眼淚。雖然看起來可能會和先前的沒什麼差別，但這次的眼淚並不是因為孩子感覺到失敗，而是她感覺受到合理的管教。重點不在於孩子哭還是不哭，而是有沒有好好走過這些程序。

「好，再過一分鐘我們就要坐車囉。妳先做一下心理準備。」

這次我一樣又進行了預告。即使孩子還不懂也沒關係，慎重地預告會讓他們有種受到尊重的感覺。我透過這些預告的程序，讓孩子再次坐上了安全座椅。

沒有受過這種管教的孩子會再次全身用力，像要往後躺似地大哭起來。這是因為還沒有累積起信任，也還沒學到才會這樣。以孩子的立場來說，這是理所當然的抵抗。他們會使出全力想要逃離安全座椅。這時就必須利用物理上的力量來協助一下，不讓孩子的身體離開。

如果沒有完整經歷這些程序，孩子很容易會覺得憤怒或遭受攻擊，進而感到受挫。但若完整地經歷了這些程序，孩子就會比較容易接受一點。我們必須全部除去緊抓孩子或任何讓他們覺得受到攻擊的要素，只將焦點集中在固定身體上面。

將孩子放上安全座椅後，不要帶任何不必要的情緒，只要默默地看著孩子的眼睛，等待一下。孩子這時會感到混亂，並開始衡量起這到底是對自己展開的攻擊，還是自己必須適應的規則。

這時如果帶著可怕的表情或說出「妳就是一直哭，才會被爸爸教訓！」只會打亂孩子的判斷。對孩子來說，時間非常重要。我們必須充分利用時間，等到他們可以自我調節好為止。

「唉唷，我的寶貝，我看不下去了。」這時太太突然插了進來。女兒馬上看著她，發出求救的眼神，又再次嚎啕大哭了起來。

「老婆，妳就相信我，先出去一下，交給我處理。」

將太太趕到車外後，我又花了一長串的時間，等到孩子可以接受為止。這就是為何平時在主要養育者之間需要對話的原因。

當孩子接受了自己該接受的事情那一瞬間，要是發現主要養育者之間的意見不同，就會發自本能地鑽進那個漏洞。

我重新整理了周圍，過了大約五分鐘之後，孩子的眼淚開始慢慢停住。她終於接受了爸爸的立場不會改變，以及這些憤怒和情緒並不是針對自己。

就這樣過了五分鐘，等到女兒鎮定下來後，我這麼問她：「現在可以坐上汽車座椅了吧？」

「……可以！」

二十多分鐘的戰爭結束了，孩子天使般的面孔又回來了。

女兒以這個經驗作為契機，變得更能好好遵守規則。因為我們之間已經形成了「爸爸不會隨便對待我，他說到做到」這樣的信任。

在管教的過程中，始終都要以信任作為基礎。如果有讀者擔心自己做了該做的事情而被子女討厭，那我很想告訴他們，情況通常都是相反。以孩子的立場來說，反而能從那些會明確告知自己底線的父母身上得到安全感。

給成長中家庭的一句話

請這麼告訴孩子：「你很傷心吧？我懂你的心情，可是還是要坐安全座椅才行。」

我的教養方式好像有問題

如果教養變成一場較量，父母損失的會比孩子更多。在這場賭上父母自尊心的較量上，如果孩子願意屈服就好了。不過好勝心旺盛的孩子並不會逃避較量。

如果父母用「你再做一次看看，我不會就這麼算了」的眼神來壓迫孩子，他們就會突然變成「我再做一次會怎麼樣啊？」的態度。那一刻，想要教育孩子的東西早就消失得無影無蹤，剩下的就只有拚個輸贏的自尊心之戰。

前面提到的安全座椅事件也是如此，有沒有經過程序的管教中間的差距很大。接下來我要告訴各位，不用發火也能提高管教效果的五階段規則。

第一階段：只向孩子說明一次不該那麼做的原因。在搶走孩子手上的危險物品、想要制止孩子使用手機時，一定需要花時間向他們說明原因。

對孩子來說，必須產生「媽媽是以正確的理由來控制我」的信任才行。不明原因的控制會讓人覺得沒有道理。如果孩子認為父母是毫無理由而隨便控制的，那在管教上的第一步已經走錯了。

當然，只說一次孩子是不會聽的。當孩子在關鍵時刻說出「哲洙家就沒有這種規定，為什麼只有我們家有？」這些話，採取模糊本質的策略時，重點在於不要被他們牽著走，而是要展現出智慧。如果在對付這樣的孩子時，說出「那你要不要去哲洙家住？」，就會失去管教的力量。這種時候需要採取的行動不是反駁，而是要看著孩子的眼睛，向他展示「除了剛才的那一次之外，我不會再做其他說明」的堅決態度。

因此在管教程序的第一階段就是要明確說出不行的原因。不用反覆說明，只要說過一次就夠了。

第二階段：預告行動。光說不練的管教是沒用的，但我沒有要叫各位體罰。舉例來說，如果對於遲遲不肯吃藥的孩子已經經歷過告知「因為旼俊生病了，所以才要吃藥。你需要吃藥，這樣才可以快快好起來」這個階段，接下來就必須「如果你不肯吃藥，就只能由爸爸餵你吃了喔」像這樣預告接下來會採取的行動。

這裡的重點是不要加入不必要的情緒。完全不需要咬牙切齒地說出「你再不過來，我就要生氣了！」像這種不必要的情緒是將教養變成較量，讓孩子變得無法尊重父母的決定因素。比起一百次完美執行，更要注意那一次的情緒失控。

如果孩子手上拿著危險物品，只要說一次「那個東西很危險，快交給爸爸」就夠了。接下來請告訴孩子「如果旼俊沒辦法控制，那就由爸爸來幫你」，表示將要強行拿走的意思。當孩子違反約定繼續玩遊戲時，可以說「遊戲只有在說好的時間內可以玩。現在已經超過了說好的時間，所以要關機了」。如果孩子還繼續玩，就告知他「如果旼俊沒辦法控制，那就讓爸爸來幫你」。

第三階段：用數字來預告。沒有程序的管教只會變成一場意氣之爭。在經歷前面兩個階段後，現在所有一切都準備就緒。從現在開始，只要不帶情緒地進行預告和執行就可以了。最好的預告就是數數。

「旼俊，如果你沒辦法控制，那就讓媽媽來幫你。我數到三，如果你還不肯停下來，媽媽就要幫你了喔。一！二！」

這裡的重點是給孩子一個能夠根據狀況做出正確行動的機會。「媽媽現在生氣了，你馬上給我去換衣服！」和「數到三之後，媽媽就不再問你，會直接幫你換上衣服，你自己選擇」兩者不同。前者沒有程序，而後者有一個程序。程序在搶奪孩子自主決定權時非常重要。

第四階段：排除不必要的情緒說話。並非所有孩子在數到三之後都會乖乖聽從父母。如果孩子不予理會，繼續玩遊戲或拿著危險物品跑走，在數完三之後，就來到讓他們感覺父母會堅決做出行動的階段。這裡說的堅決並不是對孩子生氣，而是不帶情感地執行後續行動。

必須讓孩子感受到媽媽在數完三之後，就一定要遵守約定，接下來的數字才會有力量。在進行預告和執行的所有過程中，不能出現會讓孩子產生報復心的情緒。

如果在預告和執行階段，就已經進入情緒開始發火，孩子並不會覺得自己受到恰當的處置，而是會覺得自己遭到報復，感受到一些不必要的情緒。

做出正確制止和教導孩子行為的精確打擊就是教養方法的核心。透過孩子可以預測的這些制止程序，就像是縮小包圍網一樣，引導孩子自己做出對的選擇；使用最低限度的力氣；以避免孩子產生被報復感覺的方式來制止行動。各位只要記得以上三項原則就行了。

接著來到最後一個階段——**第五階段：當孩子哭泣或抵抗時，要保持沉默，看著他的眼睛**。無論怎麼按照教養程序進行，孩子還是有可能會哭。一口氣就要改變一個人，根本就是天方夜譚。重點在於眼淚的走向。

如果孩子哭了，但眼淚中並沒有暗藏著報復心，那麼隨著時間過去，孩子就會變好。

在不經程序過度管教孩子時，出現的最大副作用就是會在孩子心中留下報復心這種不必要的情緒。認為受到媽媽不合理的控制或產生不必要情緒的孩子，有可能會哭一個小時以上。

這種時候，即使使出暫時隔離法（time out）也沒有用。如果孩子眼中藏著憤怒或焦慮，就不是進行管教的時機。這種時候不管再怎麼堅決也不會見效。

當孩子的眼中藏著報復心、覺得受到不合理對待、心裡感到焦慮、太累或想睡覺等生理現象受到忽略時，想要以隔出空間來讓孩子達到自我反省的暫時隔離教養方法就會失敗。當孩子感到焦慮，就該先停止管教，並給予安全感才行。抓著睡到一半被嚇醒的孩子大罵「哭也沒用！」是不正確的管教方向。

然而，在一般情況之下，即使照著正確程序來管教孩子要遵守約定，他們也很可能會抵抗和大哭。這個反應就代表他們需要一點時間來接受。

這時不要避開孩子的眼睛。請看著孩子的眼睛，等待他一點時間。將孩子的身體固定住，不要讓他跑到其他地方，只要沉默地盯著他就好。

如果以迴避和忽視孩子的態度去做其他事情，就會替孩子帶來較量的藉口。孩子自己也早已知道該接受這個狀況。如果在孩子頂嘴時給予回應，就會再次被他牽著走。這時應該要輕輕地看著孩子，感覺他冷靜下來之後，問他：

「你現在可以不再搶別人東西了嗎？」

「現在可以遵守媽媽的規則了嗎？」

如果孩子又說了不該說的話來反抗，就試著再次輕輕看著他，並保持沉默。

像這樣花一些時間，孩子學到媽媽言出必行後，就能縮短沉默的時間。這就是管教的良性循環。

給成長中家庭的一句話

請對情緒爆發的孩子這麼說：

「你很傷心啊，那我等你心情平靜下來。」

孩子一直抓我的語病，想要找架吵

「你啊，幹嘛老是和孩子吵架？」

這是找我諮商的家長常被配偶說的話，但是，當然沒有父母會想和自己的孩子吵架。

在糾正孩子錯誤時，最常犯的錯誤就是對孩子口不擇言。

為了讓孩子強烈認知到自己的過錯，並一口氣將問題糾正過來，有時會先加入「孩子的錯」、「這些錯造成的問題」和「我的情緒」之後才開罵。我能理解那種心情，但這麼做其實很沒有效率，甚至還會造成孩子內心創傷。

那要說到哪個程度才可以呢？以下是一些範例。

「你！這是在做什麼！你知道你現在的行為讓媽媽有多累嗎？」

「你就是這樣才沒有人想和你玩！你覺得你一直這麼做，其他朋友會喜歡你嗎？老師會喜歡你嗎？那你為什麼還要這麼做？」

如果這麼說話，孩子不會反省自己的錯，反而還會覺得：「為什麼要在這裡提到我的朋友？」

孩子犯的錯是一，但媽媽卻用二來回應，那麼孩子就無法有效地反省自己的錯，只會集中在媽媽多加上去的那個一，開始向媽媽展開攻擊。這就是為何我們在管教的時候要少說一些話。

越是努力想讓孩子接受媽媽管教的原因，孩子的心情和表情就會開始變糟。媽媽發出了十個連珠炮，其中有九個是對的，一個是錯的，那麼孩子就會緊抓著那一個點和媽媽展開交戰。這種時候需要的就是沉默。

如果已經準確告知孩子什麼是錯誤的行為，現在就不需再多說那些不必要的話，而是要沉默不語地看著孩子的眼睛，給他一些時間。為了不讓孩子的憤怒在抓住把柄後復燃，就不要提供它任何的養分。

這才是真正的堅定，也是「不加入不必要情緒的管教」核心。

給成長中家庭的一句話

當孩子無法自我控制情緒時，請父母對自己這麼說：「我現在必須保持沉默，這樣孩子和我才能不帶任何不必要情緒，結束掉這一回合。」

第二章

不成熟

——孩子們經歷的大多數問題都能交給時間解決

媽媽

老師，我的孩子會亂丟東西。他在不久前和我老公吵了一架，或許是因為那樣才會變成這樣吧。我該怎麼辦？

崔老師

這位媽媽，請問妳的孩子幾歲了？

媽媽

今年三歲。

崔老師

三歲原本就會亂丟東西。這或許沒有其他特別的原因，就只是因為他三歲，才會出現這個問題。

媽媽

那我該怎麼做才能改變孩子呢？

崔老師

這不是父母能解決的問題，需要交給時間來改變。再也找不到比過度分析孩子因年紀小才產生的問題還更浪費時間的事情了。妳現在面臨的育兒問題，只是下了一場陣雨，請耐心等待。

我每天早上都快被孩子搞瘋了

替媽媽們諮商讓我回想起每天迎接早晨就被瑣碎生活襲擊的情境。我感受到讓這些媽媽最累的直接因素並非什麼重大事件，而是日常生活。讓我們假設一下，現在要去上學的小孩不肯換衣服還鬧著脾氣，媽媽就會變得焦躁。在這種情況之下，真正需要的是哪一句話呢？我認為比起說服孩子，更需要的是「無法讓孩子提早一分鐘出門，不是媽媽的錯」。

當孩子每次都在同一時段，再三出現許多相同的問題時，火氣就會上來。對於容易生氣和失控的養育者來說，最好的解決方式和處方就是承認孩子可能會這樣。出現在孩子身上的多數問題，其實都不是由某人造成的。我這十年來在現場觀察了三千多個孩子，分析那些因孩子年幼而出現的自然問題，並樹立起養育者和教育者不該花過多時間來解決的重要基準。育兒問題有時候需要的就是時間。人類雖然是地球上智能最高、最有能力的生命體，同時也是需要花上一年時間才有辦法靠雙腳行走的特殊物種。

孩子因為不想和朋友分開、拒吃討厭的食物、想在朋友面前耍威風、生氣等情境之下產生的問題，其實都與父母教養無關。這些都只是因為他們還小，才會出現這樣的問題。

「我三歲的孩子怎麼會丟東西呢？是他的心理有問題嗎？還是因為我老公的關係？他為什麼會咬周遭的孩子？是因為我昨天對他大吼大叫嗎？我孩子今年四歲，他只要一開口就說『不要！』，是不是有什麼心理問題啊？」

如果你曾經向某人傾訴過一次這樣的煩惱，那我今天就要將你從煩惱沼澤中解放出來。正是因為孩子四歲才會如此。請不要對孩子抱持過度的幻想，這只是因為那個孩子還無法做好控制好自己而已。

這並不是要你就此放過孩子的耍賴。如果孩子亂丟東西，我們只要溫柔又堅定地管教他，並陪他一起整理出不能丟的東西就好。

如果他會咬或打其他孩子，就暫時先不要讓他上幼兒園或減少和朋友見面的興奮次數就行了。對於那些有著相似煩惱的人，反而會需要聽到這種話。

「我最近太累了。」

不要在最忙碌的早晨因為不肯配合的孩子動氣。就讓它這麼過去吧。現在你所面對的孩子，只是一個難以自我控制的存在。不要妄想可以一下子就能改變孩子。現在我們最需要的，就是短暫的從容。

給成長中家庭的一句話

請這麼告訴自己：「我最近太累了。」

希望兒子可以安靜五分鐘就好

「老師，我的孩子正常嗎？我很想知道其他孩子是否也像他一樣。」

某次演講結束之後的問答時間，有一位媽媽跑來對我訴說她對於兒子一刻也靜不下來的苦惱。她說她在不久前帶著五歲的兒子前往結婚喜宴會場，結果他連一分鐘都無法保持安靜，躺在地上打滾，接著又跑來跑去，搞得她在慶祝的場合手忙腳亂，覺得很累。

我先向其他人發問。

「請問在場的各位，有沒有人的兒子有辦法乖乖地待在喜宴會場？」

大家笑著搖頭。

「這位媽媽，請妳將五歲的兒子當成是一隻小老虎。『原本應該要待在草原上盡情奔跑的老虎跑來人類世界生活，一定很辛苦吧。』妳得這麼想才行。再加上喜宴會場是大人的遊樂場對吧？任何孩子來到無聊的喜宴會場，都會覺得厭煩，這是正常的。」

描述這件事情的媽媽繼續說了：「不只是在喜宴會場，就連在家裡都是一樣。」語氣聽起來很擔心自己的兒子是不是有什麼問題。

「對，我想應該會是那樣。但兒子原本就是這樣啊。這是教育者在教育孩子之前，就必須了解的部分。要將一隻先天就被設計成適合待在廣闊空間奔跑玩耍的小老虎養在家裡，原本就會很辛苦。妳只要這麼想，心理就會比較輕鬆一些。」

如果將成長中的兒子天性套入大人的規則，就會覺得這是問題而不停發怒。這時，唯有將這當成是與自己不同的特性，才能抓出正確的育兒方向。

不管你有多累，每天都至少要帶兒子出去散步或是奔跑一次，努力消耗他體內的能量。如果可以，也需要一些在他過度失控的時期，避免和他人約在外頭碰面的智慧。

我的情緒，終究是取決於自己對孩子的期待。與他人約在外面時，請從一開始就打消兒子肯乖乖坐好的這個念頭吧。我們同時也需要付出一些努力，盡量選擇坐在戶外的場地，讓兒子可以稍微走動。

如果一直努力要孩子配合大人，那就只能不斷地被激怒。孩子正在成長，這點並不是他們的錯。

給成長中家庭的一句話

當主要養育者因為孩子跑個不停而感到疲憊時，請其他家人這麼想：「現在這個孩子的活動量就像小老虎一樣。養育者當然會很累，所以我們大家要一起照顧他才行。」

孩子一直咬其他小孩

「我三歲的兒子會一直咬其他小孩，是因為他的爺爺奶奶總是作勢要咬他的關係嗎？大家都怪我沒教好，讓我覺得好難又好累。」

無論我們再怎麼試著努力，想把孩子教好，但由於孩子天生的本能，一定會碰上咬朋友的這個時期。尤其這個問題發生在很多男孩子身上。

要解決這個問題，需要的就是時間。

當孩子出現咬人行為時，最好不要做出激烈反應。當孩子想要引起注意時，表現出過激的反應，會讓他們覺得這是一種補償。因此必須使用冷靜溫柔的語言和行動來制止孩子，這點非常重要。

每當發生這種事情時，必須反覆制止這個行為，一次都不能漏下。即使很少在家裡看見孩子咬人，也很難認定孩子的這項行為已經完全改善。

孩子會根據場合和人來改變面貌，咬人的行動也是相同道理。如果是發生在家裡，因為是家人間的事情，可以馬上做到勸阻，也可以馬上制止。

但如果發生在幼兒園裡，又是另一回事了。被咬傷的孩子有可能必須去醫院就醫，也會對幼兒園和其他家長產生無比的愧疚感。但若是要因此就冷酷地批判孩子，這麼做未免也太過殘酷，還會造成衝突。因此，若孩子反覆在幼兒園或外面出現咬人的習慣，請思考一下，該是時候整理一下孩子周圍的環境了。

攻擊或咬傷其他孩子，不管對成為被害者或加害者的孩子來說都是重大事件。我想告訴各位一些處理方法。這些做法曾替遭遇到咬人事件家庭的帶來一些幫助。

一、**必須積極道歉和處置**。這是預防從孩子問題演變成大人問題的最好方法。

大多數被害孩子的家長氣的不是加害者，而是他的父母沒有積極處理這件事情。孩子在成長過程中經歷的大大小小事件，很可能在大人之間的衝突中變得更加嚴重，甚至擴大演變成與幼兒園之間的法律糾紛。只要仔細回顧一下，就會發現這些情況都是因為沒有得到充分道歉。

請試著轉換一下立場，如果自己的孩子受傷了，你會怎麼做呢？希望這有助於各位訂出積極道歉的標準。

二、**暫停在經常事發的場所進行活動**。在托兒所、幼兒園等這些容易讓孩子興奮的空間要他們保持冷靜，是非常不明智的行為。那些遇到同齡人就容易興奮的孩子，和父母兩人待在安定的空間時，很多時候並不會出現咬人或過度興奮的行為。

當孩子無法自我控制，一直想咬其他朋友時，如果情況允許，請讓他暫時停止托兒所或幼兒園等外部活動，待在調整過的環境大約一到兩週。這個做法或許會帶來幫助。

在孩子年幼時發生的問題，大多只要經過一段時間，等到孩子成長之後就會自己改善。因為不成熟而造成的問題，需要的就是時間。

請記住，與其尋找可以馬上改進的方法，倒不如暫時提供孩子已經調整過的環境，讓他們可以試著自我控制。請各位一邊堅持，一邊耐心等待。

孩子因年幼而出現的問題行為，就像陣雨一樣，總有一天都會過去。當下起陣雨時，我們只要待在屋簷下休息片刻就好。希望各位不要對自己的育兒和孩子的習性抱持著否定和懷疑的態度。

給成長中家庭的一句話

請務必對受傷的孩子和他的家長這麼說：「我真的非常抱歉。這原本就是個需要多加注意的時期，以後我會更小心的。孩子的治療費交給我們全權負責。這可是您的寶貝孩子，很抱歉讓您這麼傷心。」

好想馬上改進孩子的問題舉止

你覺得孩子或許有問題的那些狀況，大多都能交付時間解決。雖然感覺好像不立刻採取什麼處置就會大事不妙，但時間可以幫忙解決很多事情。擔心孩子永遠都會咬其他孩子的錯覺、單純在語言發展上比同齡慢而引發的各種關心等，這些都會讓我們的心靈變得貧瘠，進而將不必要的情緒加諸在孩子身上。這種時候，你需要的是這一句話：「有些事情必須堅持下去才能解決。」

現在必須當場解決的問題和那些必須經由適當教育，經過一段時間才有辦法解決的問題不一樣。攻擊他人的行為是必須當下就制止的問題，但要讓孩子平時也不會攻擊他人，就會需要一些時間。如果我們分不出這兩者之間的差異，就會陷入無謂的情緒沼澤中。

我指導過的某位孩子爸爸告訴我，他想要早點讓孩子知道這世界的殘酷，想要壓抑他的好勝心。孩子的媽媽說爸爸常會堅持要贏過六歲的兒子而將他弄哭，所以她很煩惱，不知在現在這種情況之下，哪種教育對孩子才是最好的。

我以旁觀孩子的立場上來看，這種爸爸最後就只會變成一個討厭的人。這並不是爸爸犯了什麼大錯，而是因為孩子就只有六歲而已。不管你再怎麼教育，大多數的六歲孩子都很難學會以客觀的角度來看待自己。

你走去一個六歲孩童的班上，問他們「誰跑得最快？」大家都會爭先恐後地大喊「是我！是我！」但如果你走到一個國小二年級的班上問相同的問題，就只會聽見一個小小聲的「是我」。六歲和國小二年級之間的年紀差距感覺不大，卻有如此巨大的變化。

因此，如果父母認為必須要教會孩子待人處事，而拼命的花費過多時間和精力在這上面，很可能只是沒有效率的行動而已。

當你看見孩子出現讓你想要立刻修正的行為時，請試著再這麼問自己一次：「這是必須當場處理的事情，還是需要一些時間的行為？」

好好養育和教育孩子，就是要能夠分清楚什麼時候該在教育上施壓和放鬆。請將這些用來包容孩子現有樣貌的基本問題銘記在心

給成長中家庭的一句話

請問自己：「現在一定要改掉那個行為嗎？」

我該拿堅持錯誤資訊的孩子怎麼辦才好？

有人在JARADA社團裡上傳了這則事例。

「我是一個五歲孩子的媽媽。今天又因為莫名奇妙的事情和孩子發生了摩擦。孩子說KTX比SRT快。因為想要糾正他錯誤的認知，我告訴他『KTX雖然也很快，但SRT更快』，結果就出了狀況。

孩子看著媽媽提出的資料也不肯接受，哭著堅持說是KTX比較快。上傳這則事例的媽媽也不肯認輸地再次強調是SRT比較快，並在網路上搜尋資料後，做出下列的補充說明。

「你看，SRT比KTX還晚蓋好，設計最高時速要比KTX快三十公里。」

接著兒子開始摀住耳朵大喊「我聽不到！」，像在防禦似地結束了對話。孩子的媽媽並沒有就此認輸，她拿出智慧型手機，讓他看了輸入在搜尋欄位中的KTX與SRT速度比較圖。

「你看，KTX的行駛速度是三百公里，SRT是三百三十公里。這裡不是寫著三百三十公里嗎？看到了吧？」

當媽媽將搜尋結果推到孩子面前時，你們猜猜他會怎麼反應？他的反應是「看不到！」

孩子的媽媽擔心他會一輩子都抱持著這種錯誤認知，所以更努力地想要展示搜尋結果，結果卻被孩子打斷，無法繼續進行下去。接著她說了這種話：「是嗎？那媽媽只好等旼俊眼睛看得到的時候再跟你說話囉。你現在看不到又聽不到，應該沒辦法繼續說下去了吧。」

孩子媽媽摺好衣服後，走進房間準備哄弟弟睡覺。這時旼俊突然大哭起來，走進房間這麼對媽媽說：「媽媽妳讓我很傷心。」

那位媽媽雖然感到有些慌張，但她心想兒子可能是在剛才那場爭論中吵輸了才會這麼難過，便問他理由。

「因為妳讓我傷心了。」

「媽媽說了什麼讓你傷心了？是因為我說了SRT比較快嗎？」

「因為媽媽騙人，我才會傷心。」

孩子為何會那麼固執呢？或許是那個孩子覺得自己受到了攻擊。孩子還沉浸在「你知道的是錯誤的資訊」，感覺自己被打壓的過程中。媽媽只是想要糾正他錯誤的資訊，但孩子卻不是以誰是誰非，而是以「媽媽有沒有支持我」、「有沒有指正我的錯」等這兩個邏輯來判斷。

這種時候，我們不必非得告訴他正確資訊。當然，繼續像這樣在孩子認知錯誤事實時，就像抹滅他的意見似的一一做出指正，孩子也會好好長大。但我們要背水一戰教導五歲孩子的東西，除了這個之外還有很多。在五歲的人生中，即使弄錯了KTX的速度，也不會造成任何問題。我們必須要再思考一下，是否有必要為了教育他，而給他這些挫折感。

我在前面強調過，如果要教導孩子，就要教他正確的東西。但透過這次的案例，我想告訴各位，如果將這口氣寄託在這等小事上，就會無法教導孩子真正重要的東西。為了教導孩子重要的東西，媽媽必須保持從容才行。

如果孩子因為錯誤資訊而開始虛張聲勢或固執起來時，只要告訴他「但是媽媽／爸爸／老師知道的好像不太一樣耶？」，試著保持輕描淡寫地說完真相就好。

教育者需要靈活一點。大部分的育兒問題都源自於想要仔細糾正一些芝麻般的小事。各位有必要記住這個小小真相。

給成長中家庭的一句話

和孩子針對事實問題發生爭吵時，請這麼想：「我是不是太過執著於小事了？」

如果我閱讀，孩子也會跟著閱讀嗎？

「如果我先在孩子面前開始閱讀，孩子也會對書產生興趣嗎？」

我好像每天都會收到這樣的問題。養育者閱讀書籍，無論何時都是好的。但請各位務必了解——即使養育者閱讀，也不代表孩子就會跟著這麼做。從實際領養兒童的研究來看，養育者是否擁有閱讀習慣與孩子的閱讀習慣沒有關係。

育兒一段時間，就能看見越小的孩子越常模仿養育者的行為舉止和語氣，因此也有些人對於孩子並不會模仿閱讀這件事而感到失望。

針對這個問題，我的回答如下：因為模仿語氣和語言就只是單純的模仿，不是改變孩子個性的過程。無論何時，我都非常推薦養育者抱著平靜的心態，漫無目的地閱讀。但如果你是計畫要藉由經常展現出這一面來改變孩子，那我只能再三強調這個方法真的沒有效果。

「那如果是從我帶頭減少使用智慧型手機，孩子就會改變吧？」

「這想法不錯啊，我會幫你加油！」

我只能這麼回答。我的反應可能不如收到的問題明確。因為我知道如果給予這種期待，有很大的可能會讓養育者失望。養育者減少使用手機是一件非常好的事情，只要在孩子身上多花一點心思，就能提高機率。但要孩子放下手機又是另一個完全不同的問題了。如果抱著這種期待而努力，最後只會讓自己生氣。也有些養育者在聽完我的說明後，反問我：「那我減少使用手機不就沒有意義了？」我是這麼回答這個問題的：「不會啊。如果養育者帶頭減少使用手機，那就有正當的理由和資格要求孩子照著做。如果自己都做不到，卻只要求孩子要節制，如此一來是無法產生養育者權威的。這一點非常重要。」

我們做出的榜樣，在養成孩子的生活習慣上，佔了重要的因素。但如果因此期待著子女跟著照做，其實有些放錯了重點。從至今發表的親子間學歷關係的相關研究來看，可以發現孩子學歷與父母的學歷具有強烈的關聯性。但目前還無法得知這是受到了遺傳因子影響，還是受到環境的影響。

這份信念帶給我們希望的同時，也會讓我們非常辛苦。因為如果孩子不肯閱讀，就會被斷定是因為養育者沒有讓他看到自己閱讀的樣子。然而，根據心理學家朱迪斯·里奇·哈里斯的領養兒童相關研究來看，即使很常閱讀的家庭領養了一個生父不閱讀的子女，那個孩子也有很大的機率可能不閱讀。簡單來說，高學歷家庭的子女擁有高學歷的可能性，有很大部分是受到遺傳學的影響。

我們閱讀的樣子不確定是否對孩子會產生影響，但請各位一定要記住，一味認為孩子會照著我們展現的模樣成長，這樣的信念相當危險。

給成長中家庭的一句話

如果想讓孩子模仿自己去做某件事，請這麼告訴自己：「孩子不會照我養的方式長大。」

看著孩子，我就自責不已

「老師，因為我不太積極，所以感覺孩子也變得很被動。要怎麼做才能讓孩子變得主動一些呢？」

在進行諮商時，有些媽媽只要我一說到「媽媽，旼俊他呀」就會開始流淚。她們都是透過自責來虐待自己的人。

這也是媽媽在自尊低落時會出現的代表性行動。如果你曾有過「我得被教訓才行。我沒有當父母的資格。要是這個孩子遇到的是其他父母而不是我，應該會更好吧？」這種想法，那請你務必要讀完這篇文章。因為媽媽的低自尊對孩子來說，可能是個很難應付的環境。

接受媽媽們的提問時，發現她們經常遇到將所有問題原因歸咎於媽媽的情況。當孩子和朋友處不來、在外面對大人怕生、舉了手卻無法好好表達意見時，就會本能地出現「該不會就是因為我老是跟孩子待在家裡，他才會變得這麼被動吧？」、「該不會是因為我太常生氣，孩子才會這麼壓抑？」這些想法，試著從自己身上尋找原因。如果覺得這些原因出在自己身上，就會責怪自己；如果出在配偶身上，就會開始責怪對方。

然而，從實際研究的結果來看，孩子天生的氣質並不會隨著父母的教養態度而輕易改變。

雖然我們看到孩子的一些小動作和語氣都是在模仿我們，所以覺得父母似乎會替孩子帶來巨大的影響。但朱迪斯·里奇·哈里斯透過了她的著作和研究，發表了孩子天生的習性在他們生活中佔有很大比重的看法。也就是說，父母的教養態度無法造就出孩子的氣質。

當然，我們不能否認父母的影響力。但就算是為了找出核心重點，也要抱持著

「我犯下的一次失誤並不會毀掉孩子」這種想法。

事實上，父母的影響力可能沒有我們至今認為的那麼強大，因為孩子不是一個可以能讓我們隨心所欲塑造的存在。

如果無法承認這項事實，就直接將孩子的問題全都怪罪到父母身上，養育者很可能會在下個階段呈現出試著捏塑孩子的一面，因此非常危險。

孩子受到同齡朋友的影響比父母更多，有時甚至會因父母勸阻而更加反抗。即使家庭環境相同，孩子也會各自長成不同的樣子。只要能夠承認孩子並不會照著父母的養育方式長大，這樣的從容自會上門——雖然對著孩子大吼大叫的行為並不好，但相信孩子的人格並不會因為這一次而毀掉。這將會讓我們對待孩子的心態變得更加平靜。

在育兒方面上，有著媽媽只要努力就能改變的領域，也有再怎麼努力就是改變不了的領域。舉例來說，媽媽看見孩子無法和朋友好好相處的樣子就開始責怪自己，這並不是一個很好的做法。如果對此開始感到自責，下個階段就會覺得自己有責任要教導孩子該怎麼和朋友玩。「因為媽媽不太積極，孩子也會長成那個樣子」的說法並不屬實。

我們可以說媽媽帶給孩子的傷害，都是由於想要強制塑造孩子習性而造成的。我們不需要看見孩子在外面被動的模樣，就被周遭其他人說的話牽著鼻子走。

孩子個性內向和低自尊屬於完全不同領域。我在教育現場觀察了很久，發現孩子實際的樣子和媽媽的教養方式存在著差距。即使是由氣質消極的媽媽撫養出來的，如果孩子本身非常外向又喜歡表現，就會在朋友關係中展現出這種氣質。

給成長中家庭的一句話

當養育者內心變脆弱時，請記住這句咒語：「孩子和我可能不一樣！」

害怕自己的憂鬱症會毀掉孩子

「老師，我有憂鬱症……我擔心自己的憂鬱症會毀掉孩子，所以很痛苦。雖然討厭明知道自己有這種恐懼，還是偶爾會控制不了情緒、變得有氣無力的。我這麼對待孩子好像太自私了。我擔心自己會不會害孩子受苦。」

某次我在演講現場遇到的一位媽媽擔心她的憂鬱症和情緒傾向，似乎會對孩子造成不良影響，在向我提問時留下了眼淚。患有憂鬱症的媽媽其實出乎意料地多。冷靜聆聽這些媽媽的緣由時，發現她們都會共同說出「一想到憂鬱可能會毀掉孩子，就會變得更憂鬱」的這種話。那位媽媽問題的核心是「該如何將和媽媽一樣感性又愛哭的孩子養得堅強一點」。如果在閱讀這篇文章的讀者當中，也有處於類似情況的人，請務必牢記這兩點：

一、**如果想解決掉這個擔憂，就要先將孩子和養育者清楚劃分**。養育者和孩子是不同的存在，是不一樣的人。即使養育者得了憂鬱症，也不代表孩子就會得到憂鬱症。

在憂鬱的媽媽面前，孩子可能會暫時表現出憂鬱的樣子，但在幼兒園或其他空間卻不會表現出憂鬱感。媽媽在和媽媽不在的時候，孩子的模樣可是會有一百八十度的大轉變。

「我的情緒正在毀掉孩子，所以我必須改變。但是我改不過來，所以又會毀掉孩子……」

跳脫這個想像的最佳方法，就是相信專家說的「父母無法改變孩子」。

請試著鼓起勇氣，做出「我的憂鬱是我的問題，你的憂鬱是你的問題」這種宣言。人很軟弱，為了不將自己所處的問題歸咎成自己的問題，就會尋找可以輕易怪罪的人。因此我們必須做出區分，不能將孩子的問題歸咎於媽媽的憂鬱。若媽媽滿臉愧疚地看著孩子，孩子就會不自覺地將問題的原因怪罪到媽媽身上。問題並不在於責怪，而是在於無法面對及鼓起勇氣開拓自己。

二、**請幫助孩子愛自己**。對一個有憂鬱症患者的家庭來說，這點真的非常重要。如果因為想要養出一個堅強的孩子，就叫他拋棄軟弱的模樣，不斷強迫他變堅強，孩子會誤以為自己現在的樣子是不對的。養育者越是指導孩子的行為，孩子就會失去自信，就像是深陷泥沼般地陷入憂鬱之中。這時候要反過來，不要改變孩子，而是幫助他去愛自己擁有的東西。只要去接受、去愛那些想要擺脫卻擺脫不了的東西，並保持從容，一切就會改善。

某些人的感性既不是優點也不是缺點，就只是一種習性而已，只是會根據教育者戴著什麼框架而有所不同。如果經常將感性這個習性變成畏畏縮縮、柔弱的自卑情結，就會銘刻在孩子心中；反之，若將它變成細膩、細心、優秀的同理能力，就能成為一生輔佐孩子的自豪感。

改變孩子總是非常困難。我們唯一能做到的，就是幫助孩子去好好看一看自己擁有的東西，讓他們學會愛自己。請不要害怕。雖然當下可能會很辛苦，但養育者要相信自己，給予孩子最好的愛。孩子非常堅強。還有請停止責怪自己。人必須得停止自責，才能向前邁進。

給成長中家庭的一句話

如果你是因為自己有憂鬱症而煩惱不已的父母，請這麼告訴自己：「我可愛的孩子比我的憂鬱症還要強大。我一直都愛著孩子。」

孩子很害怕新的環境

旼俊非常敏感，對於陌生的場所會感到不自在。他的父母試著努力地接受孩子的敏感。旼俊的父母想要讓他看見更多世界和景色，卻很害怕孩子的敏感。因為他每到了一個陌生的地方，就會害怕地嚎啕大哭。

「天生的個性是無法改變的。」

旼俊的父母時常聽到這種話，開始擔心孩子在成長的過程中，會受到氣質的影響而變得更加畏縮。雖然我們無法完全改變氣質，但有幾種方法可以讓它成長發展。現在我將與各位分享這些方法。

有一種「系統減敏感法」，是靠著從弱刺激到強刺激，階段性緩慢調整強度來消除恐懼心理及修正行動的相關心理學用語。

敏感的人對於進入新空間本身會抱持著強烈的排斥感。第一次去恐龍主題樂園、第一次看到音樂噴水池、第一次前往動物園時，哭著離開這些地方的那些孩子們，都是具有這種排斥感。

具有這種習性的孩子需要「心理準備的時間」。帶孩子前往新空間之前，最好先讓他看過那個空間的照片，或是提前抵達，讓他擁有可以自行主導的探索時間。如果能做到這些，孩子也會更容易適應。

對於害怕前往新空間的孩子來說，給予他們不想要就可以隨時喊停的自我決定權以及熟悉該場地的時間也會有些幫助。只要給予他們對於新空間的選擇權和時間，就能解決這些問題了。

這個方法也能連結到生活上。孩子在瑣碎的事情上可能也需要做些心理準備。例如，當孩子在家裡玩得好好的，卻突然說要外出，這時他的心理可能還沒有做好準備，就會產生抗拒。這時，最好能在出門前的三十分鐘就先向孩子做出預告。

「旼俊，我們三十分鐘之後要出門喔。」

「十五分鐘之後要出門喔。」

「五分鐘之後就要出門囉。」

若能在環境改變之前總是先做出預告，孩子在某個瞬間就會開始產生「我在新場所裡也能安全」的信任感，不再排斥那些陌生場所。

在從事不熟悉的活動之前若能先做出預告，也能有效減少排斥感。這裡以去看牙醫為例。不要在他換好衣服之後，就直接帶他走過陌生的街道，進入氣味陌生的診所。而是要先讓他看過牙醫診所裡面的照片，看過院長的照片，並事先告知他會接受什麼樣的治療。請記住這個過程就是給予孩子做好心理準備的時間。

給成長中家庭的一句話

請這麼告訴害怕新場所和新狀況的孩子：「我們＿＿分鐘之後要做＿＿（事）。」

孩子太過口沒遮攔

八歲旼俊的媽媽煩惱著孩子太口沒遮攔。

在前往久違的阿姨家時，他常常會問一些「阿姨家為什麼那麼髒？」、「阿姨怎麼住在這麼小的地方？」這種問題。

不只是阿姨，就連對學校同學、老師也會毫不猶豫地這麼說話。即使只是個孩子，旼俊的父母也常為此驚慌失措。旼俊媽媽告訴我，就當是為了孩子也好，一定要糾正他這種習性。

「孩子是從什麼時候開始經常這樣說話的？」

「好像從小就這樣了。他總是不顧他人的感受，說出不合時宜的話，讓我非常難堪。」

「他很快就學會說話了嗎？」

「對，他比同齡的孩子還早開始說話。」

「那媽媽我跟妳說，如果妳現在期待能用什麼方法來馬上改變孩子，可能都有點困難。」

吱俊的情況並非關於性格缺陷或智力的問題，因此必須先讓擔心孩子是否一輩子都無法解決這個問題而感到焦慮的媽媽放心。

這些問題需要花一點時間來培養孩子的控制力和同理能力。如果孩子的優點非常明顯，很多時候也會同時發現他的缺點。

平均來說，控制能力和語言能力會以相似的速度成長。如果語言比控制和同理能力更為發達，雖然能像大人一樣說話，卻會常說出一些令人尷尬的話來。即使養育者和教育者在旁邊一直告知「不能說這種話」，但孩子還是無法了解其中微妙的差異，所以必須承認孩子具有誠實的習性。

這時如果一直想要改變孩子，他們就會認為自己是不是有問題。身邊的人必須多下點心思來防止他們受傷。

如果不這麼做，親子之間的關係很可能就會破裂。雖然當孩子說出不道德的話時，就必須堅決地糾正他們。但如果只是造成局面有點尷尬的程度，請輕聲地告訴他「說這種話不好」就可以了。等到孩子長大之後，自己就會懂了。

給成長中家庭的一句話

當孩子太過誠實時，請笑著對孩子這麼說：「說這種話不好喔。」

第三章

鬧脾氣

——不要被孩子的情緒牽著走

媽媽

兒子一直抱怨個不停還鬧脾氣。明明就不是什麼大不了的事，真不知道他幹嘛這樣。

崔老師

原來孩子很愛鬧脾氣啊。這種時候媽媽妳是怎麼應對的呢？

媽媽

我當然是叫他不要亂發脾氣啊。但是他就是不肯停下來，甚至還一直大吼大叫。

崔老師

妳舉個例子，他是怎麼大吼大叫的呢？

媽媽

他在亂發脾氣時，就會一直大叫「我討厭媽媽！最討厭了！」

崔老師

那妳的反應是？

媽媽

我就告訴他「我也討厭你」。

崔老師

妳這是被孩子牽著走了。當妳被孩子的挑釁或鬧脾氣牽著走，就教不了他。

媽媽

你說我被他牽著走嗎？

崔老師

對。孩子們因為還不成熟，情緒常常會卡在一起發洩出來。因為不知道自己煩躁的原因，才會隨便亂說話。當他吵著「抱我」、「給我這個」、「不要那個」時不要被他牽著鼻子走，請用平穩的聲音來替孩子整理情緒。

每次只要孩子一鬧脾氣我就快被搞瘋了

有位媽媽養育雙胞胎兒子，已經快要情緒爆發了，我便前往替她諮商。我透過錄影看見那位媽媽感到棘手的情境。發現在情緒爆發的八個場景中，有七個都是朝著同一個孩子拍攝。

因為是異卵雙胞胎，所以兩人的特質不同。但其中一個總是出現在令媽媽束手無策的場景中。這個兒子成天纏著媽媽發脾氣。他吵著要喝水，但真的給他之後，又哭鬧著說不要；媽媽如果把水收掉，又會哭著說不可以。那位媽媽真的十分為難，所以最後乾脆開始對孩子視而不見。

「這種情況該怎麼做才好？我好像已經盡力了，卻還是找不到答案。」

孩子媽媽的臉上寫滿著鬱悶。

這個孩子擁有的特質，站在媽媽的立場上來看，真的會覺得非常難搞。再加上另一個孩子的個性穩重，所以不知是什麼問題讓這個孩子變成這樣，只能嘆氣。

一般敏感的孩子都會做出這些舉動。這時比起專注在孩子的要求上，更該專注於孩子為何會說出這些話來。

看著這些孩子的眼睛，就能知道他們的情緒非常複雜，只能藉由要喝水、不要喝水這種指示來表現出自己的痛苦。因此，孩子要的是媽媽的關心，而不是水。又或者是正巧處於比較難以自我控制的狀態。這種時候如果對他說出「哎呀呀，要幫你倒水嗎？」、「不要嗎？不要嗎？」、「要我現在停下來抱你嗎？」，他們就會無限上綱。

孩子這時需要的是可以幫助他整理情緒的話。

需要透過「現在旼俊不是真的想要喝水，是生氣了才會這樣啊」這種正確的同理方式來進行整理。

與其說出「啊，所以你到底是想怎麼樣！」然後迴避，這裡需要的是抽出一點時間來看著他的眼睛，向他傳達自己立場的整個過程。

「現在媽媽要煮飯了，所以不能抱旼俊。我會等到你整理好自己的情緒。」一定要抽出一點時間和孩子對視，等到他們整理好為止。雖然不能每次對視之後就答應他們的要求，但每次說話時都要看著他們的眼睛，確實地說清楚才行。

接下來就得告訴孩子「現在不行，等媽媽做完這件事之後再抱你，等我一下」，教導他們學會等待。

「你先去那裡玩玩具，媽媽馬上就過去」像這樣做出具體指示告訴他們該如何等待也會有很大的幫助，這被稱為是在教導他們「延遲滿足」。

與其說那些善於等待的孩子忍耐欲望的能力很好，不如說他們是藉由轉移自己的焦點來調整欲望。所以站在孩子的立場上，要他們看著媽媽的背影忍耐個三分鐘都有難度。

因此請具體告訴他們應該如何等待，這將會對孩子產生幫助。在大人眼中理所當然的那些事情，有時候就是必須像這樣好好地向孩子們解釋才行。

最後，如果孩子努力等了一下，就應該要盡快遵守約定。孩子在剛開始學習等待時，要在一到兩分鐘內放下手上的洗碗工作，去告訴他「你真有耐心！要和媽媽玩一下嗎？」和他對視，確實地陪他玩個三到五分鐘。接著再告訴他「媽媽把碗洗好了就會過來，你先像剛才一樣，去堆積木等我吧。」接著等久一點再過來確實地好好陪孩子玩。

透過這些過程，孩子就能學會等待，這將會帶給媽媽幸福。而且這對孩子來說，也能得到未來在這世上生活必備的調整和等待這兩個龐大資產。

給成長中家庭的一句話

當孩子還不熟悉等待時，請對他做出明確指示：「媽媽做完手上的工作馬上就過來，你先去堆積木等我。」

為何孩子不聽我的話？

在教導孩子等待失敗時，必須先捫心自問「我是否給了孩子足夠的信任？」得不到孩子信任的教育者，很難去要求孩子做出任何努力。為了教會孩子等待，終究還是得培養出「你只要乖乖等待，我就一定會遵守約定」這種信任感才行。然而，要遵守和孩子之間的小約定並沒有那麼簡單。

讓我們以「你乖乖吃完飯，我就給你吃冰淇淋」這常見的約定為例。孩子在吃完一湯匙飯之後，就說「我吃完了！給我吃冰淇淋！」接著媽媽會說「等你全部吃完，我才要給你冰淇淋」。

有些孩子每吃完一湯匙就問：「等我吃完這些，就可以吃冰淇淋對吧？」

站在孩子的立場上，或許擔心自己這麼努力，媽媽可能會不遵守約定而感到焦慮。最後，孩子得到了媽媽多次的確切答覆，卯盡全力地吃著飯。在他拿到冰淇淋之前，先看了一下電視，不過電視實在太有趣了，冰淇淋就在不知不覺中這麼被淡忘了。這時媽媽心裡可能會漸漸浮現出「那又不是什麼好東西，有必要非得給他嗎？」這種想法。最後媽媽敷衍地默默收拾了餐桌。問題就發生在下一次。

「等你吃完，媽媽就買冰淇淋給你。」

「不要！我現在就要！嗚哇哇哇。」

如果累積了媽媽不守信的記憶，孩子就很難再持續相信媽媽。基本上，我們必須知道孩子的記憶力比媽媽更好。

即使盡力地遵守約定了，孩子也很容易認為媽媽不守信用。從這點上來說，我要叮嚀各位，即使是在不給孩子冰淇淋也無所謂的狀況下，還是不能敷衍過去，說到的一定要做到才行，這樣下次才能說：「媽媽說不行就是不行。媽媽之前有沒有遵守約定？」

孩子必須感覺到教育者言而有信，才會產生努力的意義。我想以教育者的權威來形容這件事。

追根究柢，這不只能套用在小小孩身上，對於青春期的兒子來說是如此，在夫妻生活當中亦是如此，甚至還能套用到社會生活上。在人與人的關係中，要一個也不漏地遵守各個小約定雖然並不簡單，但我還是希望各位能夠記住，我們所遵守的這些小約定，都將扮演了決定性的作用。

給成長中家庭的一句話

如果孩子不聽我的話，就必須要省視一下自己：「我該不會是沒有遵守到與孩子的約定吧？」

我好像太容易被捲入孩子的煩躁中

我曾替一位育有七歲和五歲雙寶的媽媽進行諮商。可能是小兒子不太會用筷子，感到有些鬱悶，所以總是會亂發脾氣。或許是他的脾氣太過強烈，連媽媽也總是跟著一起生氣。由於太常在餐桌上生氣，最後連孩子的爸爸也跟著氣起來了。就在某天，孩子的爸爸吃飯吃到一半受不了，就將孩子帶到房間。房裡傳出了巨響。媽媽看了心裡非常痛苦。

我向她問了這個問題：「孩子鬧脾氣時，妳是怎麼反應的？」

「我叫他不要亂發脾氣。」

「那孩子就會停下來嗎？」

「沒有，會變得更生氣。老大就不會這樣……」

她說老大在成長過程中不會亂發脾氣，現在也是一樣。說不定在媽媽的內心深處，不小心將老大和老二拿來做比較了。孩子的模樣各自不同，有時會以老大呈現出的面貌作為基準，用來評價老二。然後，孩子會微妙地感覺到媽媽的這種反應。

「啊，原來媽媽希望我和哥哥一樣。」

如果有了這種心態，那即便是再小的事情，也會讓孩子不斷亂發脾氣。說不定鬧脾氣也算是某種防禦機制吧。孩子因為用筷子而覺得煩躁，接著又因為父母的反應而變得更加煩躁。孩子還沒辦法有耐心地接受自己的不成熟，只能對自己的不成熟感到厭煩。問題在於我們面對孩子的煩躁時，會做出什麼樣的反應。如果將孩子的煩躁視為亂發脾氣，那問題就無解了。

「我也知道這一點，但就是不知道該怎麼辦才好。」

「媽媽，我們所能做到最好的辦法，就是不要被他的煩躁影響。」

心理學家們將孩子稱為自卑感團塊。

「我也想變得和大人、和哥哥一樣，但就只有我做不好！」

這對男孩來說是很常見的心情。和女孩相比，男孩出現這種感受的頻率也更為頻繁。內心很想受到認可，但手部肌肉卻還沒那麼發達時，那股煩躁感只會變得更大。再加上自己上面還有一個哥哥，自然就變得更嚴重了。在這個環境之下，即使沒有人刻意比較，也很容易會拿自己和哥哥來比較。這麼做了之後，又會覺得更煩了，因為明明想要好好表現，但就是辦不到。

問題在於我們看待這種自卑感的心態。我指的是誤會了幼小可愛的孩子感受到自卑感的樣子，對此忍無可忍的教育者心態。如果認為自卑感會吞噬孩子，孩子就會真正產生害怕自己犯了大錯的畏懼感。

然而，在現實生活中，自卑感是促使人類成長必要的情感。就只有感覺到自己的缺陷，才有辦法成長。所有的成長都是以自卑感來作為燃料。問題是表現自卑感的方式，有些孩子乾脆選擇直接迴避，不願意挑戰了。

「我會用筷子，但我不想用！」

有些孩子會去責怪那些用筷子的人。

「哥哥拿筷子的方式真的很奇怪！」

有些即使一邊發著脾氣，還是會持續挑戰。究竟哪種方式對孩子最好呢？當然是即使覺得鬱悶，還是會一直努力的自卑感囉。

所以，請先好好讀懂孩子正在試著戰勝自卑感的心情。他們感受到正當的自卑感，正在用帥氣的方法與之戰鬥。我們作為一個率先克服「使用筷子的自卑感」的前輩，要面帶笑容地等待孩子。這是我們所能做出的最佳選擇。在心理學當中，有個名為「社會參考」的用語。明明就已經因為筷子用不好而煩躁了，如果全家人還一副面無表情地看著這個景象，孩子就會更加煩躁。

「要孩子笑著克服自卑感，對他們來說是莫大的要求。」

我再次這麼告訴那位媽媽。反之，如果我們以輕鬆的笑容來等待孩子，孩子看見我們的表情後，就能提高輕鬆挑戰的機率。

「只要靜觀其變就好了嗎？」

「靜觀其變之中也要有規則才行。必須明確告訴孩子不能做出丟筷子或莫名其妙罵哥哥的這些負面舉動。」

處理這種自卑感的特級祕訣，就是要先改變教育者對於自卑感的認知。必須要從「孩子感到自卑是一件不好的事情」這個公式中跳脫出來才行。請再更進一步做出「這些讓孩子感到自卑的情況，是在他們成長中不可或缺的存在」的正確認知。

如果孩子就像我們希望的一樣，真的感受不到任何自卑，就會不想行走。也不會為了達成某個目標而付諸努力了。只要想像一下那些感覺不到行走必要的孩子、感受不到說話必要的孩子和沒有正確認知情緒的孩子，就會讓我非常心痛。

已經被捲入孩子的煩躁之後，要將心態調整回來並不容易。但如果能從一開始就認知到這是孩子必經的過程，就能比現在更輕鬆地應對孩子的煩躁。

給成長中家庭的一句話

當孩子消極地說自己做不到某件事情時，請這麼告訴他：「總有一天你也做得到。」

兒子就只會對我亂發脾氣

「孩子要求我抱時，如果我抱了，他就會要求我像在抱小寶寶一樣，要抱得更溫柔、更好一點。但如果我像抱寶寶那樣抱著他時，他又會對我亂發脾氣。我就是有著這麼一個四歲兒子的媽媽。當我給他飲料時，如果插著吸管，他就會氣說我把吸管插好了；如果沒插吸管，又要氣我沒插吸管。我到底做錯什麼了？」

有個育有四歲兒子的媽媽對我提出這個問題。明明全都照著他說的去做了，卻還是亂發脾氣，光想就覺得一片灰暗。

「孩子說什麼妳就做什麼嗎？」

「對，如果可以，我都會這麼做。」

「那孩子正在享受著五星級的育兒服務呢。」

「是嗎？」

向我訴苦的媽媽反問著，同時覺得有些尷尬。我問她孩子也會對別人這樣鬧脾氣嗎？就像我想的一樣，孩子就只有對她才會這樣。

我向她提出了這樣的意見。

「妳必須明確表達自己的立場才行。如果孩子就只對媽媽亂發脾氣，那很可能是因為存在著『媽媽是一個會聽我發脾氣的人』的約定。媽媽必須明確地表達立場，當孩子要妳做什麼時，請告訴他『等一下』。只要像這樣教導兒子等待的方法後，就能看見效果了。教孩子等待時，要做到明確。時間到了之後一定要遵守約定，只要重複這樣的過程就行了。」

孩子是適應上的天才。所以媽媽在育兒上如果明確訂出自己的標準，孩子馬上就能適應。可能初期會和我們期望的不太一樣，會出現一些抵抗，但只要孩子感受到媽媽的立場非常明確，就一定會想辦法適應。證據就是孩子除了媽媽之外，並不會向其他人提出這樣的要求，請記住這一點。

前面那篇案例中的孩子是因為自卑感而發脾氣；這篇案例中的孩子則是針對特定人士發脾氣，所以我們能夠得知，鬧脾氣也有種類之分。教育者要能直觀地分辨出這兩種差異——對自己發脾氣和對他人發脾氣的目的和種類不同。

針對特定人士發脾氣，是以期望對方會接受為出發點。必須從一開始就明確表達立場，告訴孩子哪些領域可以，哪些領域是不可以的。如果立場不夠明確，孩子就會一直對我們抱持期望。

請務必記住，越習慣五星級服務，孩子的期望就會越高；當期望值越高，我們就必須承擔相對的壞脾氣。

給成長中家庭的一句話

當孩子只對家中某一個人耍賴時，當事者必須這麼告訴自己：「即使現在感到困難，也要對孩子的教養更加堅定才行。」

媽媽是從什麼時候開始和兒子變得疏遠呢？

「旼俊，媽媽幫你穿鞋。」

「不要！我來我來我來！」

「旼俊，不是說好要在昨天之前選課的，你選好了嗎？」

「媽，我會自己看著辦，妳別管我。」

從「我來我來我來」開始，到「我會自己看著辦」，孩子送出的訊息有個明顯的共通點——我想要靠自己的能力辦到，不要媽媽幫我！

明明就說過住手，兒子卻又故意再做一次來惹惱媽媽。他們的訊息非常明確——媽媽！不要搶走我的自主決定權！妳在攻擊我！這是我的領域。

和女孩相比，男孩更熱衷於主張自主決定權。當然，想保護自我決定權的心理不分男女都一樣重要，但在現場看來還是有些差異。我們可以說女孩較重視與大人心理上的聯繫，而男孩比較在意展示自己的成就。

和兒子打壞關係的方法很簡單——只要持續剝奪孩子的自我決定權就好。

「你做好那個了嗎？我不是叫你去做了？」

「不對，不是那樣。要這樣做比較簡單。」

「你為什麼不聽我的話？」

如果連個小事都要一一指點，那妳現在必須馬上停止這樣的行為。因為當媽媽說出「我說的沒錯，你為什麼不肯承認？」，不肯退讓時，就只會反覆上演著孩子說出「你為什麼要一直侵犯和攻擊我的領域？」來回擊的情境。

大部分的人都討厭單方面指導的人，甚至很可能即使對方說的沒錯，還是一樣討厭，因為這會產生自我決定權被剝奪的威脅感。「雖然說的沒錯，卻會引起不快的發言」的特徵就是在對方不想要的時間、不想要的領域，在未經同意之下就進行指教。「姊，只有我才會這樣跟妳說……」像這種以裝熟來提出指教的人之所以會令人不快，也是出自於相同原因。

如果媽媽持續打壓兒子的自我決定權，兒子就會對媽媽產生防禦機制——媽媽是「打壓自我決定權的人」這個公式將會成立。這麼一來，不管媽媽說什麼，都會形成惡性循環。我想將這種狀態形容為「因為太想教一些什麼，反而什麼都教不了的狀態」。

雖然教育者非常專注在「要怎麼教」孩子，但真正的重點其實在於「由誰來教」才對。

「因為我尊重你，所以除了必要之外，不會奪取你的自我決定權。我知道你是一個很棒的人」，像這樣累積起信賴的人說出的話和沒有累積起信賴的人說出的指示重量不同。如果妳蒐集了很多可以幫助孩子的技巧並勸他照做，孩子卻沒有反應，那就必須好好回想一下這段期間累積起來的是什麼東西了。

孩子在家裡偏食，不代表他們在外面也會偏食；孩子在家裡冒冒失失，不代表他們就不會聽跆拳道教練的話。因此在打壓孩子的自主決定權之前，我們必須先取得信任才行。我想要以「權威」來形容這種信任。

育兒上的權威究竟是什麼？在我們的現實生活中，很多時候指的是對於他人的控制權。但真正的權威比起控制，其實更趨近於信任。媽媽說的話有權威，是代表著因為媽媽言出必行。

真正有權威的人並不會賣弄權威。我們是有權威的教育者嗎？還是處於權威狀態呢？希望我們都能回頭省視一下自己。

給成長中家庭的一句話

孩子的行為讓你不滿意時，請問一下自己：「我現在是在搶奪孩子的自主決定權嗎？」

孩子只聽爸爸說的話，卻對媽媽說的話充耳不聞

有個非常喜歡玩遊戲的六歲小孩，如果媽媽控制不讓他遊戲時間過長，他就會突然揮動拳頭或生氣。孩子似乎是知道媽媽比爸爸軟弱，所以只有媽媽的話不聽。孩子的媽媽看著他日漸趨於暴力的樣子，感到非常擔心，甚至還苦惱起是否要跟他一起使用蠻力。如果媽媽認為只要展現出物理力量，孩子就會服從或被制服，那可就大錯特錯了。

孩子服從的不是力氣大的人，而是有權威的人。媽媽堅決地表示「不行就是不行」的方式和權威本身有些不同。尤其是大呼小叫，或是說出「我叫你住手了吧！

你再給我試一次看看」，這樣的方式與其說是展現出堅定的態度，反而更趨近於大聲吼叫。

讓我們回想一下穿著制服上學的學生時期，老師當時的模樣，應該就會有幫助。有的老師即使大吼大叫還是沒有權威；有的老師即使只是壓低聲音說話，卻讓人感覺好像不聽他的話不行。我們必須好好了解這些差異才行。

吼叫的次數和權威並不會成正比，因為權威是和信任非常相似的領域。該如何累積小孩的信任？讀到這裡的各位大人應該都會開始煩惱起這個問題吧。信任這兩個字總是讓人覺得茫然，因此我建議各位將這個嘗試視為第一步：

「遵守自己說過的話。」

假設你曾堅決地告訴過孩子「吃飯時不要看電視！」但孩子卻突然哭了起來，說他等了很久，這個節目真的很重要，他一定要看。這時，家中又偏偏剛好有訪客，那你該怎麼做才好呢？

這個案例的媽媽說「如果在這種情況之下，我應該會先答應讓他看電視吧」。

這個決定對破壞教育者的權威起了一定的作用。因為想要趕快結束掉這種令人不便情況，而這點視為優先，有條件地答應孩子，之後孩子就會明白——

「啊，有客人在，這樣對我的協商比較有利。」

如果教育者的規則時常被推翻，那麼教育者所說的一切都會被視為可以推翻。這麼一來，每當媽媽說得很堅決時，小孩就會發火。因為只要孩子做出激烈的反應，媽媽就會說出「只有今天喔」，然後退讓。

要遵守自己說過的話真的非常困難。好的開始就是只在自己可以遵守的範圍中管教。請記住，一定要遵守約定。

給成長中家庭的一句話

當孩子不想聽養育者的話時，請問一下自己：「我過去是個遵守規則的養育者嗎？」

要樹立權威已經為時已晚了嗎？

國小二年級的旼俊只要一到朋友家，就會玩到晚上十點過後才肯回家，想管也管不動。旼俊在繪畫或創作雕塑物上都具有獨特的才華，總是讓老師們非常感動，但他卻不肯遵守一些小規則。旼俊媽媽說他不知是靈魂太過自由奔放，還是自己做錯了什麼，造成這個反效果，為此擔心不已。

在育兒問題中，有一大部分都是由於教育者沒有明確告訴孩子立場，長期反覆累積下來而產生的。所以我這麼告訴旼俊媽媽：

「妳只要強烈地要他早點回來就可以了。」

「他已經固定十點過後才回來了，所以我怎麼說都沒用。」

我在旼俊媽媽的臉上看到了無力感。我認為這個問題的原因可能不只是旼俊太過自由奔放。因為如果已經說得非常明白，孩子卻還是經常不聽從教育者的指示，那就必須找出其他的原因了。

「我想請問一下妳理想中的媽媽應該是什麼模樣呢？」

我再次向旼俊媽媽提問。她這麼回答我：「我想成為一個像朋友般的媽媽。」

對國小二年級的孩子來說，比起像朋友般的媽媽，更需要的是一位可以明確告訴自己該做什麼事情的教育者。我這麼告訴旼俊媽媽。

「孩子現在就只會嘻嘻笑的。我好像已經失去做為父母的權威了。難道我該拿起藤條，或是要發更大的脾氣嗎？」

旼俊媽媽也考慮要像其他教育者一樣，在控制孩子方面使出非常強烈的印象和展現出壓倒性（絕對）面貌的方法。然而，我要在此說明，這些方法雖然能讓氣氛變得冷靜或威嚇住孩子，但很難見到長期的成效。旼俊媽媽向我諮詢了其他方法。

「那要給他零用錢嗎？還是給他遊戲儲值費呢？」

「這種方法雖然能讓孩子暫時一點回來，但妳只要不給他遊戲儲值費的那一刻起，孩子就感受不到必須早一點回來的理由了。」

我暫時站在兒子的立場上，引導旼俊媽媽考慮其他方法。

「既不能威脅，又不能利誘，那我該怎麼做才能找回權威呢？」

「媽媽，請問妳和孩子約好的事情，都一定會說到做到嗎？」

我問了旼俊媽媽是否有好好遵守和孩子的約定。她果然說自己有努力遵守，但有些部分還是會視情況而定。

「當孩子去上學時，請妳試著和他做出這種約定：『今天媽媽會配合旼俊下課回來的時間，準備好炸豬排等你的』。請一直讓他看見妳遵守這些小約定的樣子。請妳試著遵守約定並表現出來。作為所有事情的前提，如果媽媽無法遵守自己說過的話，事實上很難有辦法掌控住孩子。雖然我們會評價孩子，但孩子其實也正在評判著我們。」

在反覆透過這樣的行為，得到孩子充足的信任後，就要明確告知孩子他可以享受自由到什麼程度。要試著一點一點拉近回家的時間，這點非常重要。

「吆傻啊，今天八點以前要回來喔。」

如果沒有在媽媽規定的時間內回來，就這麼告訴他：

「你明天不能去朋友家了，因為你沒有好好遵守和媽媽的約定。」

要用這種方式提前告知孩子隔天該怎麼行動。如果孩子還是晚歸，那隔天就直接到學校去等孩子放學，把他接回家就行了。然後要他那一整天都不能出門。

這裡最重要的是要表現出沒有生氣的樣子。請引導他對於自己的行為負責。「就是因為你我才會這樣，氣死人了」若心存這種想法說話，就會變成一場爛泥巴戰，而不是管教了。

教育者應該要更明智一點，讓孩子懂得反省自己，不能讓他懷有報復心態。

給成長中家庭的一句話

為了讓孩子反省自己，而不至於懷有報復心態，請這麼告訴他：「因為你沒有遵守昨天的約定，所以今天你不能做自己想做的事情。」

我很難拒絕孩子的要求

「我家小孩想要的東西太多了。他會一直耍賴，直到我買給他為止。可是如果我真的買給他了，他只會開心個幾天，玩沒多久就厭煩了。」

旼俊是個想擁有很多東西、想嘗試很多事情的孩子。不只是一個月幾次而已，而是一星期有好幾次都虎視眈眈地纏著媽媽。旼俊媽媽一開始認為是孩子的好奇心增加了，是因為對這個世界感到好奇，而滿足他所有的要求。但越是帶他去玩具店，他想要的東西反而變得更多，卻不見他對自己擁有的物品展現出珍惜和興趣。

教育者在孩子習慣性耍賴要求購買東西時，要好好觀察一下他們的心態。他真的是想要那個物品嗎，還是那只是在確認別人有多愛自己的欲望表現呢？就像大人告訴孩子規則和習慣，馴養他們一樣，孩子也會馴服我們。我向旼俊媽媽推薦了這種方法：

「請妳回家之後，製作孩子的禮物目錄。先畫出兒童節禮物十格、聖誕節禮物十格、生日禮物十格等。每當孩子想要什麼東西時，就和他一起寫在上面。」

「如果製作出禮物目錄簿，要買給他的東西會不會變多啊？我家孩子真正耍起賴來，有時還會造成頭暈呢。」

看著旼俊媽媽擔心的模樣，我這麼告訴她。以後每當小孩有想要的東西，向媽媽提出要求時，不要說「不行」，而是拿出那本簿子，慈祥地詢問孩子。可以像這麼問他：

「旼俊想要什麼時候收到那個禮物呢？」

或是將孩子可以期待的情境做個連結：

「哇，只要再等一下，就是旼俊的生日呢！」

這對孩子來說，不是完全的拒絕，也不是即時的承諾，而是告訴他們可以根據自己的計畫和選擇，得到自己想要物品的方法。這麼一來，只要光是寫在目錄上，就能在一定程度上消除「媽媽一定要滿足我」的要求了。

「只要在每個項目中各選出一個禮物就行了吧？」

旼俊媽媽帶著像是如釋重負地表情反問。

「對，如果能交給孩子，讓他自己在十格中做出最終決定就更好了。」

旼俊媽媽說她要馬上去買一本筆記簿。之後我再也沒聽過旼俊物慾的相關消息了，期待他會一點一點地好轉。

這個方法將有助於讓孩子學會無法全數擁有自己想要的東西。只要像這樣看著能在一年內收到的禮物目錄，就能完全擺脫「媽媽不愛我」的誤會。

在寫完這本簿子後，父母要做一件事情，那就是遵守約定。在孩子懷著耐心和期待，一行一行填好筆記簿後，必須得到適當補償，才能學會教訓。

給成長中家庭的一句話

當孩子想要很多東西時，請打開筆記簿這麼說：「當你有想要的東西時，就寫在這上面吧。」

我負荷不了孩子的無聊

六歲的旼俊精力十分旺盛。幼兒園的老師們都認為他是個非常好動的孩子，在家中也總是處於精力爆發的狀態。

旼俊媽媽有點擔心這個開朗、活潑又精力充沛的孩子。因為每次旼俊要人陪他玩時，如果沒有照他說的去做，性情就會大變，開始哭鬧起來。身為職業婦女的旼俊媽媽在做家務時感覺越來越綁手綁腳，體力上也來到了極限。

「就算一直陪他玩還是永無止盡。他一刻也不肯停下來休息。爸爸沒有那麼多時間，我好像也快要負荷不了。但也不可能就因此丟下他自己一個人玩……」

無論是再健康的大人，體力都不可能比得過興奮的孩子。我們是贏不了的。但旼俊的媽媽卻想要陪孩子玩到他開心為止。

「因為他是獨生子，如果我不陪他玩，他就會很無聊，會一直想要玩遊戲。」

我這麼告訴她：「妳必須先承認一件事——我們無法照著孩子的希望陪他們玩。孩子寧可犧牲睡眠也想要玩。請妳稍微降低一下標準，試著從『必須滿足孩子所有的要求來陪他玩』轉變成『即使無法做到一直陪伴，但陪伴時就好好地陪玩』。」

「那剩下的等待時間，他會不會一直唉唉叫地吵個不停呢？」

「孩子必須學會父母不可能在他每次想要的時候都有辦法陪伴。六歲是個可以理解的年紀了。陪他玩的時候就好好陪伴，結束時就明確告知他遊戲時間已經結束了。請他去做自己的事情，等待下次的遊戲時間。」

「這麼說孩子就會等嗎？」

孩子在等待著得到某樣東西時，一定會需要一個確信。屢次三番不遵守信用的教育者要做的並不是單純決定什麼時候玩、什麼時候不玩，而是要成為一個言出必行的大人。這樣孩子才會願意忍耐和等待。

對孩子做出「你等媽媽三分鐘，之後我就陪你好好玩五分鐘」這樣的約定時，在準確過了三分鐘後，就要先好好地陪他玩一下。一開始孩子可能會不停扭來扭去，但還是要讓他等著。時間到了之後，就要像剛才說好的一樣，像是在燃燒內心靈魂似地痛快陪玩五分鐘。接著對孩子做出「很有趣吧？十分鐘之後我再陪你玩喔」這個約定，之後再遵守一次。

只要像這樣和孩子說好又做到三次，孩子就會開始慢慢學會相信和等待媽媽的方法。

給成長中家庭的一句話

當孩子不斷要求陪玩時，請這麼告訴自己：「我今天也要當一個言而有信的父母。」

我還有很多想教的東西，但孩子卻連一個都跟不上

如果媽媽想要一次教會討厭吃飯的孩子「要均衡飲食」和「要快樂吃飯」這兩個項目，吃飯時間對孩子來說就會變成一種折磨。如果孩子對於吃飯這件事懷有負面感觸，就必須先放棄均衡飲食的要求。就算偏食也沒關係，先讓孩子試著快樂吃飯吧。

必須像這樣訂出優先順序後，孩子才會開始出現改變。光靠著堅定的態度無法讓孩子付諸行動，還必須擁有可以讀懂孩子內心真正想法的心靈智慧之眼才行。

沒有訂出優先順序也不肯做出任何退讓的媽媽，並不是堅定的教育者。感覺就

像是老闆丟了很多工作給你，再告訴你「你不要加班，要準時完成工作喔！」這和要求馬上找到好工作和結婚的壓力沒有兩樣。就像是強迫自己在工作方面要做到無懈可擊，在家中要當一個好太太和好媽媽一樣。

如果你目前面臨到所有問題就像纏在一起的毛線球似的，一個問題都解決不了，惡性循環不斷反覆上演的狀態，就必須先訂出教養的優先順序。

我們需要一些智慧來暫時放棄後面順位，只重複地教導單一項目。

「你什麼都要吃才行。吃得開心點、吃快一點！」

我想像得到父母緊逼或催促孩子的情境。孩子會愁眉苦臉地坐在餐桌面前，嘀咕著不知道要吃到何年何月。雖然只是一個短短的句子，但像這樣複雜又令人不適的咒語還有好幾種。

「什麼都要吃、要開心吃飯、吃快一點」。但孩子有可能不餓，有可能胃口不好，有可能對今天的菜色沒興趣，也有可能只是想要慢慢吃，但父母就是先命令了再說。以孩子的立場來看，這樣的時光很難叫他們食指大動。

要不要試著改成這樣說呢？

「偏食也沒關係，喜歡吃的菜就多吃點。」

孩子可以在這種情況之下降低吃飯的不自在和壓力，對所有人來說也有轉圜的餘地，所以很好。

只要有一項要求照著媽媽的指示產生變化，孩子在面對後面的課題時也會產生自信。

記住，優秀的領導者非常清楚人類難以同時學會多項技能的這一點。比起堅定的態度，我們更需要的是能夠讀懂對方的心，逐步實現的教育方式。

給成長中家庭的一句話

請記住，對於任何事情都不肯退讓的父母，並不是堅定的教育者。「偏食也沒關係，喜歡吃的菜就多吃點。」

孩子不知道自己哪裡有錯

在演講現場接受問答時，有許多媽媽因為孩子沒有照著自己期望反省而苦惱。尤其有不少媽媽在一本正經地喊著「你有沒有錯？」時，兒子完全不了解情況的嚴重性，嘻嘻哈哈地回答著「我錯了！」而被激怒。

「老師，在教訓完孩子後，他卻沒有好好反省和道歉時，我該怎麼做才好？」

「老師！孩子嘴上雖然說著自己做錯了，但我覺得他沒有真正反省。」

在孩子不肯認錯和令媽媽滿意的反省之間存在著差距。管教是在制止行為的同時，告知他哪些事情可以做的範圍。但希望他可以同理媽媽的情緒，這比較趨近於「情感上的屈服」。

我們向孩子隱藏著「我被你搞得那麼累，也只能這麼做了吧？你也能理解我吧？」這種訊息，想要確認孩子是否能認同我們。

但這時孩子沒有照著媽媽期望回答的機率非常大。因此比起這些讓孩子屈服的話，我建議做個平淡的收尾就好。

當孩子說了「對，我錯了」時，請不要說「那你說說看自己真正錯在哪裡！」，請改成以「以後不可以再這樣了」這句話來收尾。

給成長中家庭的一句話

當孩子做錯時，請這麼結束對話：「以後不可以再這樣了。」

第四章

兄弟姊妹

——請控制環境，而不是孩子

我是一個二寶媽。就連平常的一些小事，我也盡量努力地公平對待兩個孩子。但我越這麼做，他們就越說我偏心，說自己很委屈。我該怎麼做才好？

或許想要保持公平的這種心態才是問題的核心。孩子們有時會因為年紀與能力不同而不得不享受不一樣的待遇。這種時候他們就會嚐到所謂的背叛感。

那老師是要我不要公平對待他們嗎？

不是。我希望妳能重新思考一下公平的意義。符合年紀和地位的待遇才是真正的公平。努力想要以一模一樣的方式來對待年紀不同的孩子，反而會造成差別待遇。可能妳必須從一開始就宣告自己會以符合年紀的方式來對待他們。

老大討厭弟弟

十歲的旼俊有個大他六歲的哥哥。

「旼俊哥哥不僅是跆拳道黑帶，就連翻跟斗也很厲害耶！他會飛來飛去喔！」

旼俊哥哥的運動神經很好，好到就連旼俊的朋友們都會拿來向JARADA老師炫耀，人氣也非常高，但旼俊媽媽卻為了兄弟兩人的問題而煩惱。因為旼俊的運動神經還不像哥哥一樣發達，卻總是盲目地模仿哥哥的動作。不過更大的問題是哥哥不喜歡這樣的旼俊。

某天我替旼俊媽媽進行諮商，問到旼俊哥哥和他的關係是否正在好轉。因為我從旼俊創作的作品或繪畫中看出了他對哥哥的想法，所以也只能稍微問一下。

在談論各種話題途中，我問旼俊媽媽：「旼俊哥哥原本就不喜歡比自己小的孩子嗎？」

「不會啊，我看他在跆拳道場都還蠻喜歡其他孩子的。他不知道為什麼，就只討厭弟弟。」

孩子們和歲數不同的手足一起長大時，會對自己的年齡產生錯覺。十歲的弟弟和十六歲的哥哥一起長大，有時候會誤認為自己已經十六歲了。

聽完我的說明後，旼俊媽媽深有同感地說：「旼俊一直想和哥哥一樣。」我認為有必要站在旼俊哥哥的角度來看一下家人相處的景象，所以繼續解釋：

「因為弟弟一直調皮搗蛋，如果哥哥覺得自己沒有權力制止，自然就會躲避他。弟弟雖然很喜歡哥哥，但也常會欺負他、向他挑釁。這麼下來，哥哥只會覺得自己領域從小就一直受到侵犯。像是認真組好的樂高被弟弟弄壞了，卻沒有辦法制止，那麼就會開始討厭他。如果一而再，再而三地出現『被別人攻擊卻無法防禦的狀況』，我們自然而然就會避開對方，所以我可以理解旼俊哥哥的心情。」

我接連不斷收到很多哥哥是真心討厭弟弟的相關諮詢。這些哥哥的共通點就是被弟弟欺負了，卻找不到可以制止他的適當辦法。如果父母沒有出面處理，就會讓哥哥產生許多誤會自己的主導權被弟弟搶走的情況。大人只是不知道這些細微的差距而已。

希望各位想像一下，我討厭別人習慣性地跨越心中的那條界線，但自己卻沒辦法拒絕。如果連這都不能防禦，那麼會真心討厭對方也只是理所當然。請解開哥哥對弟弟的產生誤會和糾結的心情。這點就只有父母才能辦到。

給成長中家庭的一句話

請對討厭弟弟的老大說一句讓他覺得自己心情被理解的話。「弟弟很可愛，但他總是欺負你，所以你覺得很煩呀？」

我要以不同方式來對待兩兄弟嗎？

我從二〇〇九年開始透過JARADA和孩子們相處，得到了一些感觸——家庭成員對待彼此的方式正在改變。

首先是媽媽對待哥哥和弟弟的方式出現了差異。以前有「優待長子」的習慣，但現在已經很少家庭那樣了。反而是蘊藏「必須認定彼此同等」訊息的育兒方式變得更加盛行。

這個變化似乎在哥哥討厭弟弟的這個現象上有一定的相關性。尤其我在教育現場上可以探知孩子們內心最原始的想法，因此這些變化讓我感觸更加深刻。

我在演講場合上收到的提問大多都是兄弟問題。有趣的是，聽著那些三寶媽分享自己的故事時，有人說當孩子數量從兩個變到三個時，辛苦也跟著加倍；有些人卻說育兒變輕鬆了。而那些認為育兒變得更容易的家庭都有一個共通點，就是找對了中層管理者。

如果哥哥開始教弟弟或陪他一起玩，感覺就像是在時間和經濟上找到了助理。反之，如果父母無法放手，將自己的領域交給其他人執行，想要提供五星級的服務，那麼就會在養育兄弟上陷入困境。

當子女人數超過兩人時，唯有將家庭成員當成一個組織，育兒才能變得更加輕鬆。再加上兄弟對於差別待遇非常敏感。比起「媽媽為我做了多少」，他們更加在乎「媽媽為哥哥／弟弟做了多少」。

打從一開始就不可能做到完全相同的待遇。孩子們需要的或許是「因為你們是不同的存在，所以媽媽會以不同的方式來對你們」這樣的宣言也不一定。如果只是一再說著「你們都是一樣的存在，媽媽對你們的愛是一樣的」來取代上述的宣言，孩子一定會感到背叛。因為不可能因為老大就學了，就買給老二一模一樣的包包。

從小聽著「你們是一樣的存在」這句話長大的八歲和五歲兄弟，通常都是這樣——五歲的弟弟會誤以為自己已經八歲，會想要和哥哥一起看他喜歡的動畫片、和哥哥玩一樣的遊戲；他會覺得五歲的同齡朋友不好玩，會想要更常和哥哥的朋友們玩在一起——他的自我已經來到八歲，身體卻只有五歲。

這樣的孩子在面對哥哥時的情感，很容易以自卑感出發。對於哥哥擁有的東西總是很敏感，想要爭取哥哥擁有的一切。實際在教育現場上針對「哥哥被弟弟打」，而不是哥哥打弟弟的相關諮詢比過去大幅成長了許多。

或許對哥哥來說，和欺負弟弟相比，當被弟弟欺負的那方反而更有利於維持父母的關心和愛護吧。

在哥哥身上共存著兩種心態——因為討厭弟弟所以想要和他分開、身為哥哥所以想要照顧弟弟。在這兩種心態中，我們必須觸發想要幫忙照顧弟弟的那一種。這時最有效的方法之一就是讓哥哥參與育兒過程。

「旼俊啊，旼植一直跑來跑去，媽媽好累喔。你可以幫我在旼植跑的時候，叫他不要跑嗎？」

這項育兒技巧反映出男孩強烈需要得到認同的特性。

差別待遇是毫無理由地以不同方式對待。以不同方式對待不同個體的差別在於尊重。比起全部一視同仁，我們需要針對年齡採取不同的對應方式；比起分別對孩子好，要設計出可以讓彼此共同擁有的經驗更加重要。

只有一個孩子和擁有兩個以上孩子會遇到不同的困難。現場教師也會遇到相似的難題。尤其當孩子們開始團結起來不聽話時，就會讓人束手無策。因此請放下要獨自承擔每個孩子的心態，最好能帶著和全體成員共同建立組織的想法來分配彼此的任務。

給成長中家庭的一句話

為了能讓老大為弟弟做點事，請這麼告訴他：「我需要你來一起幫忙照顧弟弟。」

我一直不自覺地比較疼愛老二

「我不是刻意的，但我好像比較疼愛老二。這個問題甚至嚴重到引起我們夫妻爭吵。我只是因為他年紀比較小，所以才在他身上多花了一點心思。是我錯了嗎？我真的很擔心。」

這個案例的主角是一位育有八歲和五歲兄妹的媽媽。在這個老大是兒子，老二是女兒的家庭中，媽媽透露了自己總是比較偏心老二的煩惱。雖然媽媽偏心兄妹中的其中一人是個問題，但同時也發生了哥哥欺負妹妹及鬧脾氣的事件，似乎讓她有了更多煩惱。

「大的一直欺負妹妹，小的就開始哭了。我為了要安撫她，就更常抱她了。老大看到這樣，就覺得我很偏心，陷入了惡性循環。」

我聽完她的煩惱後這麼告訴她。

「這個好像不是偏心喔。」

和我分享這個故事的媽媽似乎有些驚訝。

「是嗎？」

「對啊。會花較多心思在弱小的子女身上，這不是偏愛，而是父母理所當然會有的心態吧。」

「可是老大無法理解這件事……」

「對啊。妳沒辦法像抱著妹妹一樣地抱著他吧？」

「對……他的個子也比較高大。」

公平對待兩個孩子，和以一模一樣的方式來對待他們是不同的。首先，我希望各位能再次回想一下，老大和老二是不同的存在，所以我們無法像抱著老二那樣來對待老大。

兩個孩子分明是不同的存在，所以可以享有的自由、權限和責任都各自不同。因此我們給予愛的方式和種類，也會隨著孩子而不一樣。

在實際調查中，有不少媽媽對待子女的方式是不一樣的。因為每個孩子的習性不同，每個年齡敏感的事情也會不一樣。

問題是父母認為自己必須要一視同仁，不能以有所差別的方式對待。我將這種狀態稱為「錯誤的公平」。

我認為，愛孩子的心意大小可以一模一樣，但是必須依照孩子的習性，給予各自不同種類的愛。如果給弟弟的愛是出於想要保護他的心情，那就請給哥哥出於尊重的愛。

給成長中家庭的一句話

請對感覺受到差別待遇的老大這麼說：「我們正在努力給你和弟弟一樣的愛。弟弟也沒辦法以我們對你的方式得到疼愛，這點請你諒解一下。」

我該怎麼安撫愛欺負老二的老大心情呢？

八歲的男孩旼俊有個五歲的妹妹。在旼俊的眼裡，媽媽好像只疼愛妹妹，所以已經為此傷心了好幾天。

「即使我告訴媽媽我很難過，她還是不理我。我覺得她好像討厭我。」

在做創作的作業時，旼俊向老師透露了自己內心的想法。

在媽媽說出「你們是一樣的存在」的同時，卻以不同的方式來對待彼此，孩子們就會感到受傷和憤怒。不妨一開始就直接告訴孩子「你們的性別不同，成長速度也不同，所以媽媽對待你們的方式也會不一樣」，這樣對孩子會比較容易接受。

旼俊和媽媽就這個問題進行了諮商。我告訴旼俊媽媽，讓旼俊扮演負責將零食或文具用品分享給妹妹的角色也是個不錯的辦法。父母在給予冰淇淋時，不要只給兩個小孩一人一個，而是要先給哥哥兩個，再引導他分一個給妹妹，這也是一種透過行動來賦予權限的方法。

當旼俊看著妹妹時，會出現兩種心態——第一種是競爭者意識，另一種則是「那是我必須保護的妹妹」的心態。

如果某天妹妹破壞了旼俊珍惜的物品，就會讓前者活化；如果在妹妹放學回來後，得知她在幼兒園被別人打了，保護者的視角就會活化。

目標是要讓哥哥體驗三次以上「和妹妹分享」的過程，讓後者的概念更加活化。重要的是必須引導哥哥接納妹妹是家中的一份子，而不只是「媽媽生下的小孩」。

不要給他「媽媽要照顧妹妹，所以你自己看著辦」這種訊息，而是要告訴他「妹妹最近好像很怕去上廁所，你覺得怎麼辦才好？」，讓老大一起參與養育妹妹的過程。

如果老大覺得被交付的不是重要事項時，很可能就會拒絕參與。因為孩子們也會想要嘗試一下大人的重要任務。

養育者不該忽視孩子心理的核心重點，就是必須要站在孩子的立場思考，交付他的是可以獲得認可的重要任務。

給成長中家庭的一句話

老大看著老二時，有時會覺得焦躁不安，有時會產生責任感。請給予孩子一個可以體會到責任感和歸屬感的角色並向他說：「今天由旼俊來分享餅乾給妹妹吧？」

兄弟常常為了彼此都想擁有更多而爭吵

「你們兩個，那是一起玩的玩具！要是再繼續像這樣吵架，兩個都不准玩。」

在父母說出這種話的時候，心裡想要培養出的，似乎是一個懂得相互禮讓的孩子。這個觀念不錯，但當尚未成熟的孩子們玩在一起，出現了所有權不明的物品時，自然就會馬上立刻發生這種紛爭。

好不容易做出來的玩具被弟弟破壞了，還能保持平常心的哥哥根本就不可能存在。這種時候父母必須做出正確處置，明確制止弟弟，不准他碰哥哥的東西，這樣才能帶給哥哥安定。

如果為了教導彼此互相禮讓的姿態而不尊重彼此的領域和權力，我想就連成人也會受不了。禮讓和所有權認定是屬於完全不同的領域。「我的所有權明確後，由我主動分享出去的東西」和「另一個人出現後，硬要我和他分享自己的東西」兩者間存在著差異。如果有人硬是將你努力存到的財產搶了過來，說他要分一杯羹，那你又會覺得怎麼樣呢？比起學會分享，我想有更高的機率是學會要好好保護財產吧。

當孩子們玩在一起，發生因所有權問題造成的紛爭時，與其強迫孩子讓步，不如先明確地區分出這是誰的東西。其實很多情況都是孩子在獨處時明明就不會碰的東西，但只要一有人出現，就會想要宣示該物品所有權。必須先準確地明確區分出這個玩具的所有人是誰，孩子才能找回從容，產生想要和弟弟分享的心情。

請記住這需要一個公平的程序。

給成長中家庭的一句話

當兄弟為了彼此想擁有更多而爭吵時，請這麼問他們：「這個玩具是誰的？」

弟弟會模仿哥哥罵人

國小二年級的旼俊有個就讀五年級的哥哥，他常在家裡和哥哥的朋友們玩在一起。但從某天起，旼俊就開始在媽媽面前亂罵。

「你是從哪裡學來這些話的？」媽媽驚訝地問他。旼俊一臉得意地說：「我現在像大哥哥了吧？」媽媽又接著問：「是那些哥哥教你的嗎？」旼俊卻搖著頭說不是。

「唉唷，看來我得禁止那些哥哥說這些話了。」

我一發出嘆息，旼俊媽媽就表示這樣做應該也沒用，擔心地說：「即使不准他罵，他在我看不見的地方應該還是會罵。我一定要想辦法阻止才行。」

不過幸好是旼俊也好，旼俊的哥哥和朋友們也好，他們在媽媽的面前都不會亂罵。我向旼俊媽媽提出這種方法。

「妳把對於弟弟的煩惱拿去問哥哥怎麼樣？試著問問他『弟弟好像常亂罵朋友耶，怎麼做才好呢？』」

攸俊媽媽擔心著老大自己都會罵人了，要拿什麼來管弟弟。

如果引導老大干預老二的語言習慣，老二馬上就會頂撞哥哥。哥哥們大多認為自己是哥哥，所以可以罵人，但弟弟就是不行。哥哥會馬上對弟弟說：「你這個小不點，不准罵人。」這時，弟弟就會做出回擊吧。「哥哥你自己才不准亂罵呢。」

孩子會在這時會學到要教導別人時，自己必須先停止做出不良行為的概念。

簡單來說，比起媽媽直接對老大說「你不准罵人，弟弟會學」，改成「我們一起來教弟弟，叫他不要罵人」反而能帶來更正面的效果。原本在媽媽看不見的地方罵人的小兒子現在也得看哥哥的臉色，減少罵人的機率也會提高。請記住，這些訣竅和智慧都能在教養兄弟時派上用場。

給成長中家庭的一句話

當弟弟學哥哥罵人時，告訴哥哥：「弟弟開始學會罵人了，怎麼辦呢？」

兄弟吵架時，我能選邊站嗎？

國小三年級的旼俊有個大他兩歲的哥哥。某天旼俊媽媽聯絡我，告訴我旼俊突然變得很愛和哥哥吵架，就連一些瑣碎小事都能變成一場大吵。甚至從某一瞬間開始，他還會誇大描述發生在他和哥哥之間的事，堅稱自己是受害者。旼俊媽媽坦言，雖然很努力地試著從兩個孩子的言詞中找出真相，但隨著旼俊越長越大，真相也就越來越難以辨別了。

「我好像為了這兩個孩子，開始了與謊言之間的戰爭。我這個媽媽當得有點力不從心。哥哥在一旁看著看著，也開始生起氣來，哭著說他很委屈。但是作為媽媽，我越來越苦惱自己是否能選邊站，最後反而什麼事都做不了。」

我這麼問她：「如果妳當場說出『旼俊，你在騙人吧！』來指出是旼俊在說謊，他會怎麼做呢？」

「我就是擔心這一點。我想他會矢口否認。」

旼俊媽媽擔心他會一直到最後都堅持自己的謊言沒錯，並以此為經驗，說出更大的謊。但如果在所有情境之下都對旼俊說的謊睜一隻眼閉一隻眼，旼俊哥哥得到的被剝奪感和憤怒就會變得更大。因此面臨了無論如何都必須糾正旼俊說謊習慣的課題。

我提出了這個辦法。

「首先，妳不要在同一個地方教訓兩個人，這非常重要。在兄弟之間的爭吵，對孩子來說最重要的經常不是輸贏，而是自己被媽媽罵得多慘。父母在這場爭吵中會站在誰那邊變得特別重要。所以在妳說完『兩個都別吵了！你們個別進來房間』，等他們分別進來後，再問問看他們為何吵架。」

即使旼俊真的說了謊，但如果媽媽公然站在哥哥那邊，就會讓弟弟感到「媽媽偏袒哥哥！」的憤怒。

在需要學習正直的時期，有時會掌握不到真正重要的東西。旼俊的情況正是一個例子。父母應該要有智慧地從「媽媽偏袒哪一方？」的框架中跳脫出來。

給成長中家庭的一句話

孩子們發生爭吵時，請不要選邊站。這時需要的是分別進行對話的智慧。請這麼告訴孩子：「別吵了。你們個別進來房間。」

第五章

遊戲

——請找出孩子沉迷於遊戲的真正原因

老師，我家孩子沉迷於遊戲的情況真的很嚴重。

媽媽妳一定非常擔心吧。不過比起認為孩子喜歡玩遊戲，妳應該要學會如何區分過度投入遊戲和遊戲上癮。

過度投入和上癮不一樣嗎？

過度投入指的是孩子為了得到成就而玩遊戲的情況。具有即使玩得很認真，只要在取得一定成就後，馬上就能脫離遊戲的特性。但遊戲上癮是指為了逃避現實而玩遊戲的情況。妳覺得孩子是哪一種呢？

這樣感覺是過度投入。但我很擔心如果放著不管，他就會上癮，所以非常焦慮。

現在正是需要注意的時期。父母很容易反應過度。只要一出現遊戲問題，彼此的反應就會很敏感。但你們的關係如果正式變得惡化，孩子玩遊戲的時間就會開始急遽增加，會變得無法控管。

我希望孩子不要玩遊戲

我最近只要一有時間就會玩手機遊戲。一開始是為了和孩子們聊天才開始的，最後卻演變成我的小興趣。只要一有空閒時間或頭腦很亂時，我就會玩遊戲。只要玩個十分鐘就會產生腎上腺素；屢次獲勝就能得到成就感，甚至陷入自己成為強者的錯覺之中。

即使在外面的工作不順利，全身充滿對自己的不信任，只要在遊戲中反覆取得小小的成功，感覺就能伸展開原本受挫的自尊和自信。我想，孩子喜歡遊戲的原因應該也和我一樣。

在我小時候——還沒有智慧手機遊戲的那個時代，是以漫畫書來替代那個空位。當時漫畫出租店非常盛行，我常在放學回家路上或前往補習班的途中，繞到出租店去挑選漫畫。

待在溫暖的被褥中，看著還沒看完的一堆漫畫書，真不知道有多麼幸福。不過當時的大人們非常討厭漫畫書。他們認為漫畫書會限制孩子的想像力，會破壞大腦，將它當成一種病毒。我也難以擺脫那樣的視線。我有一個朋友將漫畫書藏在書包裡，被父母發現後拿出來撕毀。也有的學校甚至每週都會將收集來的漫畫書一起燒毀。

我想對那個時代的大人來說，漫畫書不僅僅是種病毒，更是一種恐懼。當時促使燒毀漫畫書的是「沒看過漫畫長大那一代的焦慮」。每個人都對自己未曾經歷過的事情存在著排斥感和恐懼感。

現在漫畫已經成為一種文化。因為看漫畫長大的這一代已經成為父母，所以即使從小讓孩子看漫畫也不會感到焦慮。

現在這個時代的漫畫書就是智慧型手機和遊戲。對於小時候沒有在餐桌上用手機收看《Pororo》節目長大的我們這一代來說，對於讓孩子長時間觀看智慧型手機一事懷抱著恐懼感。更別說是遊戲了，對此感到更大的恐懼。

從遊戲會破壞孩子大腦的主張開始，還出現了「孩子成績退步最大的原因就是遊戲」等陰謀論。當然，遊戲對孩子來說很有魅力，所以誘惑力也很強。但父母認為「孩子只要不玩遊戲，課業就會變好」的這種主張，幾乎沒有可信度。

我朋友的媽媽就曾經說過「我兒子啊，要不是漫畫書，早就考上首爾大了」。但我朋友真的只要不看漫畫，就能成為首爾大的學生嗎？雖然這麼說對他有點抱歉，但我並不認為。

當今養育兒子的父母有必要學會正確區分及認知遊戲會對兒子造成的影響和侷限性。

「你又要玩射擊遊戲了？媽媽不是說過不准玩那個嗎？」

孩子在玩遊戲時遇到的第一個問題不是上癮，而是無法正確地控制欲望。父母應該待一邊冷靜地認知孩子的上癮程度，幫助孩子改進生活習慣。如果父母過度感到焦慮，又會開始和孩子發生衝突。為了控制孩子，父母必須先準確地了解自己的心態才行。

帶著焦慮與不信任與孩子發生衝突，孩子馬上就會知道，也會進行反抗。如果爸媽就只一味地將遊戲當作壞事，根本就不想了解孩子的心情。那麼以孩子的立場來說，連自己在玩什麼遊戲都不知道的媽媽想要控制自己，根本就不合理。甚至就連自己的消遣還被當作壞事，會因此感到更加委屈。

如果父母對遊戲感到不太熟悉，那就請先了解一下遊戲在男孩的世界中具有什麼意義吧。這將會是讓孩子敞開心扉的起點。

給成長中家庭的一句話

覺得孩子好像遊戲上癮時，請用這種方式來展開對話：「媽媽（爸爸）也可以一起玩玩看嗎？」

孩子為了想玩遊戲一直說謊

育有九歲旼俊的媽媽認為他遊戲上癮。因為旼俊去朋友家玩遊戲回來，卻謊稱自己沒有玩遊戲。但朋友的媽媽卻好幾次在電話中提到「孩子們到我家來就只顧著一直玩遊戲」。

旼俊算是較晚才開始接觸電視和智慧型手機的孩子。即使用大量的書、遊戲活動和體驗學習來填滿他幼兒時期，旼俊仍會為了玩遊戲去朋友家，甚至不惜對父母撒謊。

旼俊媽媽是到很後面才知道孩子會玩遊戲的這件事，因為他從不曾在家裡說過想玩遊戲的話。

「我該拿他怎麼辦才好？」

「旼俊媽媽，妳必須要給他有辦法遵守的規則，他才不會成為壞孩子。」

「以國小二年級生來說，『不能玩遊戲』算是無法遵守的規則嗎？」

「當然是。國小二年級的孩子們聚在一起玩遊戲，是很常見、非常理所當然的情況。我們總不可能要求孩子每到這種時候就轉過身，請朋友玩好了之後再告訴他吧？」

旼俊媽媽在聽完孩子們也有自己的世界後，似乎想稍微理解一下旼俊的立場。

我問她旼俊最近在玩什麼遊戲。

「荒、荒野？什麼的……我也不太清楚。」

「他在玩荒野亂鬥啊。」

再怎麼說，JARADA有很多男孩，其中喜歡玩遊戲的孩子佔了絕大多數，所以即使我不完全了解那個遊戲，也能猜得出名字。如果父母想要控制住沉迷於遊戲中的孩子，就必須知道孩子在玩的是什麼遊戲。

「我希望媽媽妳也能試著玩一下荒野亂鬥。」

「老師……我真的很不喜歡玩遊戲。」

「即使如此，如果妳想教會寶貝孩子自我控制，就必須親自嘗試一下，才能提高效率。」

「一定要玩遊戲才能教嗎？」

我做了這樣的說明。在公司工作時，不了解我工作內容的主管如果一直叫我別再做了、趕快結束、唸個沒完沒了，我們的內心深處就會產生反抗心態。這兩者是相同道理。我提醒她如果不了解，也就無法進行指引和教導了。

「那我需要掌握到什麼程度呢？」

「妳只要理解遊戲名稱、大致進行的方式、一局的概念，尤其是在遊戲開始之後，需要花多少時間來結束一個循環就好。」

旼俊玩的遊戲一局需要花大約三分鐘的時間。在控制孩子玩遊戲時，很多父母會這麼說：「你只能玩一局。」

但一局結束的比想像中還快。

這時孩子就會看一下媽媽的臉色，考慮要不要再玩一局。如果媽媽看起來好像什麼都不懂，孩子就會很容易地偷偷按下開始鍵。

在控制之前，最好能營造出一個孩子可以遵守約定的環境。每當孩子有違反約定的經驗時，就會更難以控管。

如果能夠累積遵守自己訂下規則的經驗，孩子很快就能學會自我控制的能力。

給成長中家庭的一句話

請這麼問一下盲目禁止孩子玩遊戲的自己：「在完全不讓孩子玩遊戲和理解孩子這兩者之中，哪一個比較重要？」

我和孩子每天都會為了玩遊戲爭吵

國小五年級的旼俊每天都會為了遊戲和媽媽起衝突。旼俊媽媽說她雖然能接受孩子玩遊戲，但擔心孩子沉迷於遊戲的狀態會影響日常生活。旼俊和家人為了遊戲而起的衝突是從晚餐時間開始的。當旼俊媽媽叫旼俊吃飯時，他會說「我再玩一局就出去」，卻一直到全家人都吃完晚餐了還沒出現。這種情況幾乎每天都會發生。

我這麼問了旼俊媽媽。

「如果妳叫吃飯時，孩子說了『我再解完一個問題就出去』，一直到大家吃完飯都還沒出現，妳會怎麼樣呢？」

旼俊媽媽笑著說：「唉唷，那該有多好啊。那我會把晚餐送到孩子房間給他吃。」

我又繼續追問。

「那如果他說的是『媽媽，等我打完這一局！』呢？」

旼俊媽媽換了一個表情回答：「那我當然就會生氣啊。」

家人與孩子因遊戲問題而造成對立時，常會犯下一個錯誤——對遊戲採取差別待遇。如果是其他原因就不會生氣，只會讓孩子會覺得這種情況根本就不合理。

「遊戲有那麼糟嗎？幹嘛發那麼大的火？」

孩子們會覺得很奇怪。這種衝突不是教誨，而是一場典型的爛泥巴戰。

這種時候必須先將遊戲的差別待遇標籤撕下才行。舉例來說，讓孩子玩一局遊戲時，必須減少告訴孩子「因為你很聽話，媽媽才會讓你玩一局」的習慣。

我和旼俊媽媽繼續對話。

「老師，那我要放任他玩遊戲嗎？」

「不。如果他畫圖畫到一半，用餐時間遲到了，妳會怎麼做？」

「會叫他先吃飽飯再繼續畫。」

「但如果他還是不肯起來呢？」

「我會明確地跟他說『我說過了吧？我叫你先去吃飽飯再繼續畫。』」

「沒錯，妳只要這麼跟他說。」

重點在於無論用什麼方式都要做出明確的表達，不要讓孩子覺得父母只要一提到遊戲就老是發火。

如果不了解孩子玩的是什麼遊戲，那就很難完全掌控孩子。一般在控制孩子玩遊戲時，都會說「現在只能再玩一局就要停了喔！」。

如果媽媽不了解一局的概念，孩子就會開始動起歪腦筋。

「反正媽媽也不知道，我要不要再按一次開始鍵呢？管它的，按吧！」

如果以大人的世界來比喻孩子，公司應該是個很適合的例子。不了解實務的高級主管問實務人員「事情怎麼都還沒做好？」就會被視為不懂還想找碴的姿態。

「明明就不懂還一直找碴，隨便做做好了。」

因此，職位越高，就越要有各種不同的經歷來掌握實際業務。

孩子沉迷於遊戲的家庭也是如此。即使父母不喜歡玩遊戲，我還是建議要有最低限度的了解。同時還要擺脫「遊戲就是不好」這個公式。當抱著「玩起來也很有趣嘛」的心態時，孩子就會願意與父母溝通，並開始反省自己在家人眼中的行為。

給成長中家庭的一句話

在催促著沉迷於遊戲中的孩子時，請先這麼問自己一下：「我是不是把遊戲想得太壞了？」

在遊戲上癮之前會有什麼症狀嗎？

當全家人都外出，只有國小五年級的旼俊獨自留在家裡時，他就會時不時地打電話給媽媽，問她：「媽媽，妳什麼時候回來？」

在家人的眼裡，不只一次認定旼俊是個無法獨立又愛黏媽媽的孩子。旼俊媽媽說他可能是因為焦慮才會這樣。她似乎很擔心因為在旼俊上幼兒園的期間，沒有太多時間能和媽媽相處，才會出現這個問題，並且一直持續到現在。同時還提到了他最近迷上遊戲的事情。

為了更詳細了解旼俊的狀況，我問說旼俊是否平時就很害怕和媽媽分開。

「妳在家裡的時候他也很黏嗎？」

「不會，我在家裡的時候一點都不黏。」

「旼俊媽媽，我想妳必須了解一項事實。國小五年級的兒子會打電話給媽媽，其中一個原因就是為了掌握媽媽的動線。妳家孩子喜歡玩遊戲嗎？」

「對啊。這麼想想，他好像不是因為想我才打給我的。」

「妳回家之後可以試著把手放到電腦主機上，說不定還是熱的喔。」

「沒錯，他最近真的很愛玩遊戲，是已經上癮了嗎？在孩子上癮之前，難道無法知道他有多沉迷嗎？」

養育者必須學會區分過度投入遊戲和上癮的不同。過度投入是指孩子為了得到成就而玩遊戲的情況。具有即使玩得很認真，只要在取得一定成就後，馬上就能脫離遊戲的特性。但遊戲上癮是指為了逃避現實而玩遊戲的情況。

在遊戲上癮之前必定會經過一個階段——感到孤獨。遊戲上癮的孩子和父母的關係都不太好。沒有一個與父母溝通良好、關係良好的孩子會遊戲上癮。

父母和孩子關係變得不好，主要是發生在養育者展現出焦慮的時候。即使孩子不是處於過度投入的狀態，但只要看著這群男孩子心心念念想玩遊戲的樣子，就會覺得他們看起來很像上癮者。這點必須要加以注意。因為一有空就想玩遊戲的狀態，看起來和遊戲上癮非常像，所以我們在身邊一旁觀察時，難免會覺得心裡有些沉重。

這時養育者必須留心一下。因為在不知道孩子實際狀況的時候，養育者很容易出現過度反應。例如，當你叫「吃飯了」，孩子卻太晚出來，這時就會發火。那麼孩子的心裡就會想「我只不過是玩遊戲玩得晚一點出來而已，有那麼嚴重嗎？哼」這樣就會埋下上癮的種子。只要一提到遊戲，彼此的反應就很容易敏感。當這種狀況一而再，再而三地反覆出現後，孩子的心就會更加偏向遊戲。

如果關係正式開始惡化，孩子玩遊戲的時間就會開始急遽增加，接近無法控管的狀態。

如果孩子把日常生活要事丟在一旁不管，只沉迷在遊戲之中，那麼在催促孩子之前，請先觀察一下他的狀態。他很可能不是只為了消除壓力而已。此外，同時也請回想一下孩子之前是否曾有過沉迷於一件事情的經歷。如果孩子過去時常在取得某個成果後就失去興趣，那這次很可能也只是過度投入遊戲而已。這時不必過度擔心，只需要多問他一些關於遊戲的問題，展開關心的對話就好。

給成長中家庭的一句話

在認為孩子沉迷於遊戲而催促他之前，父母請先問一下自己：「孩子最近是不是覺得很孤單？」

有辦法和遊戲上癮的孩子進行溝通嗎？

在孩子遊戲上癮的家庭中，即使養育者生氣也無法解決問題。但我們不能就這麼放任孩子不管。對刺激變弱的孩子很難做到自主改變。如果之前是把重點放在不讓孩子玩遊戲，現在該做的就是找出讓孩子不玩遊戲也能感受到自信的其他對策。必須要有具體的行動來將他們從線上得到的自信拉到線下。

有些孩子的習性就是喜歡體驗追求成就的過程和結果。男女都有的男性荷爾蒙睪固酮對於求勝非常敏感，會引出我們想要追求較量的那一面。因此，我們必須接受這和想要追求成就的人類本能非常相近。

正如我前面提到的，孩子會一直想玩遊戲，其中一個原因就是因為遊戲是最容易能體驗到成就感的方法。我們不能說這種欲望就是不好的，因為以人類本能來說，這樣的行為是正當的。但令人遺憾的是，那個場所僅限於網路。

如果希望孩子追求成就的欲望不要只停留在網路上，我們就必須採取一些行動，將他們在線上喜歡的東西轉到網路之外的世界。

對於沉迷於足球遊戲的孩子來說，可以讓他們到運動場親自體驗在遊戲中出現過的技術，讓他們跑得汗流浹背；如果是喜歡玩射擊遊戲的孩子，就陪他一起在紙上畫槍。如果有辦法，也可以陪著他裁剪紙箱，試著一起做一把槍。雖然只要稍微研究一下就能懂槍，但也可以同時學習到槍的歷史和英語。

一起進行創作的本身就是美術。

「我們要不要來畫個什麼？」

「我們要不要來做個什麼？」

一起畫孩子喜歡的東西，一起聊天，孩子就會開始興高采烈地幫忙解說。這會帶來兩種效果——和養育者變得更加親近以及在日常生活中體驗到成功。

對遊戲有排斥感的大人會考慮該如何減少遊戲時間。但真正該考慮的是該如何提高不玩遊戲的時間品質。

給成長中家庭的一句話

在對遊戲感到不滿之前，請先這麼問一下自己：「如果將遊戲的魅力轉移到現實，我能陪著孩子一起做什麼呢？」

為什麼男孩子會比較容易遊戲上癮？

聽說在接受遊戲上癮諮商的一百人當中，有八十九人都是男性。為什麼會這樣呢？雖然一部分原因是來自於男孩子特有的目標指向習性，但我認為除了遊戲之外，處於難以證明自己存在價值的無力狀況才是主因。

有一位國小老師轉述了國小五年級男生在「『上六年級之後期待的事情』報告課」中說過的話。

「我們會變得更差勁，而女生會變得更出色。」

事實上，從國際學業成就評價分數與國家水準成就分數等統計資料中可以看出，男孩能找到自尊的領域比女孩要少。由此可見男孩的無力症狀和沉迷遊戲機率之間是有意義的關係。

所以不是「遊戲的問題」，「無法在現實生活中展現出帥氣一面的我」才是真正問題。遇到沉迷於遊戲的孩子，可以邀請他們一起試著做出遊戲中的角色和他們使用的武器。這裡要傳達的訊息是「你喜歡的東西也可以在線下做。不管是什麼，都能在現實生活中實現」這樣的信念。這麼一來，孩子就會立刻變得滿腔熱血。

那些難以接受「不要顧著玩遊戲，去讀點書吧！」這種訊息的孩子們，在聽到「你試著將遊戲中出現的東西畫在紙上，然後試著做出來吧」或「我們一起整理出遊戲中出現的英文吧」也會感到開心。

幫助孩子在非遊戲的現實中證明自己的價值，這個方向才更接近本質。請將問題改成：「該怎麼做才能在孩子不玩遊戲的期間，提高他的自尊呢？」

我們必須問對問題，才有辦法解開難題。

給成長中家庭的一句話

請告訴那些在遊戲外找不到自我意義的孩子：「不管是誰都有才能和可能性，我們來找找看吧。」

第六章

學習

——請跟他們談論成長，而不是成績

媽媽

老師，孩子只有口頭上說要去讀書，卻沒有做到。他沒有遵守約定。我之前只有適當地口頭上說一下，但這樣好像沒用，我該好好教訓一下他嗎？

崔老師

妳這樣只會降低他的自尊，不會有太大的效果。

媽媽

那我該怎麼做好呢？

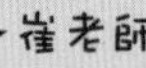

崔老師

妳認為孩子就一定得讀書嗎？

媽媽

對呀，他也說過知道自己該去讀書，但卻只是嘴巴上說說，並沒有實踐。他應該要咬牙努力讀書的，但卻做不到。

崔老師

真正的問題應該是他們深信著自己做不到的想法。大部分的孩子嘴上都說著自己該做某些事情，心裡卻是抱持著「做得到嗎？」的心態。這個問題可能必須先找回他們對自己的信任，才有辦法解決喔。

孩子和我說好會進步，卻沒有付諸行動

當孩子被強迫去做某件事情，就會啟動防禦機制。當他坐在書桌前，聽到媽媽一說「趕快看書！」讀書欲望就會下降，也是出自相同道理。

當然，有些該教的東西即使會觸發防禦機制還是得教，但在某些領域中卻會帶來反效果。

很常見到孩子被父母強迫唸書，一不小心就開始對學習本身產生強烈的抗拒；想要訓練作為圍棋天才出生的孩子，結果反而讓孩子變得討厭圍棋。在把孩子教好之前，我們必須知道哪些東西不能教。這非常重要。

例如吃東西、學習和愛，這三種東西是我們無法強求或教導的。就像是我們雖然有辦法教會那些不肯吃飯、到處亂跑的孩子「吃飯時間就要坐在位子上」，卻無法教會他們該如何開心用餐。教育者和養育者所能做到的，就只有創造出可以讓孩子喜歡上食物的環境，還有教他們吃東西的方法而已。這屬於賦予動機的部分。如果在這些需要賦予動機的領域中，混入了教育者和養育者的強制態度，那麼從那一刻起，就會變得無法教育，也會開始產生衝突。

即使如此，我們也不能對什麼都不想做的孩子袖手旁觀。因為即使有我們看照著，孩子也不會正確地成長。如果將一切都交由孩子自理，就叫做放任。要區分這些真的很難。為了讓孩子成長，我們需要的不是放任和強迫，而是其他東西。

在有子女的家庭中，最大的煩惱可能就是成績。

對於那些向我請教「孩子只會嘴巴上說好，卻不肯去唸書」這些問題的父母，我常這麼告訴他們。

「大部分的孩子都不相信自己的成績會變好。」

我在和孩子們相處的時候，了解到一件事——成績進步與自尊有著很深的連結。在成績不好的孩子內心深處，並沒有真心想要讓成績進步的意志。他們過著將「自己應該要盡全力、正在盡力」當作口頭禪，卻壓抑著罪惡感的雙重生活。

孩子認為對方不太了解自己的狀態。近距離觀察孩子學業的老師雖然比父母更快得知孩子的真實想法，卻為了避免更大的衝突而不肯表露出來。只會偶爾以「為了孩子好」這個原因或以引導孩子走上正途為藉口責罵孩子而已。每到這種時候，大人就會產生錯覺，以為對孩子說了狠話，他們就會改變。

但就算是那位老師本人被其他人指責也很難改變。人難以透過他人改變。在下定決心要改變孩子的那一剎那，教育就已經開始失敗。當你放狠話的那一瞬間，孩子就會覺得反感或是將自己推向罪惡感的泥沼中。

「老師，我爸媽都那麼努力了，我為什麼還是這樣？」

如果你因為孩子答應會努力唸書，卻沒有實際付諸行動而感到煩悶，那我想為你提出這個建議。孩子現在正處於不相信自己能夠實現某些東西的狀態。如果是經歷過「只要我肯努力就做得到」的孩子，就一定能夠做到。相信自己可以偷偷拿到藏在碗櫃高處手機的孩子，就會在想著「我總有一天會拿到」的當下做出行動。

當孩子嘴上光說著應該要怎麼做，實際上卻沒有任何行動時，最大的原因就是他們對自己的信任感不足。這就和嘴上說著要減肥，卻一邊吃著蛋糕的成人心態差不多。雖然很常聽到人家說只要努力就能瘦下來，也能理解這個道理，卻無法切身體會。這並不是因為不願努力，是因為先前反覆經歷過「即使努力也瘦不下來」的經驗。

反之，成功減肥的人的特徵是因為擁有「努力就能瘦下來」的經驗。也就是說，他們擁有「只要做到某種程度的努力，就能瘦到某個程度」的感覺。這種人會真正付諸努力，也一定能達成目標。

可以達成目標的人，他們成功的因素並非在於嚴厲的嘮叨與掐大腿的意志力。公司的銷售額並不會因為老闆罵我而有所提升。必須得樹立正確的方向和目標，組織成員也得強烈相信自己能夠實現這個目標才行。成績進步的孩子如果能抱著耐心忍受誰更坐得住的持久戰，就能具備這次可以得到八十分，讀到這裡可以得八十五分，讀到這裡可以得到九十分的明確感覺與信任了。這份信任將會成為他們的原動力。

人的信念有種駭人的力量。如果孩子不相信自己，就不可能發生成績大幅提升的驚人事件。這個信任不是父母可以用言語來灌輸的。我們所能做到的，大概也就只有支持。最終要實現某個目標還是得靠孩子自己。

信念會透過經驗變得堅定。我所經歷的事件最後會成為讓人跨越最高欄架，願意付出努力的動機。如果孩子為了提高成績做出滿懷誠意的努力，這時就會需要「啊，真的努力就會成功！」的經驗。

同時也會需要「只要做到某種程度的努力，就能達到某個程度成就」的感覺。這種感覺是讓我們持續進行某些目標的力量。

找到相信自己可以成長的信任與感覺的孩子們就會抓住人生的方向盤，變得獨立起來。

反之，那些即使成績提高了，卻沒有自己的意志，而是照著別人訂定出的計畫表接受訓練的孩子，最後也會在大學學測結束之後開始走向自己的人生。

透過努力得到有意義的成果後，孩子們會開始相信自己。反之，即使努力還是失敗的孩子，就會開始墜落到不相信自己的自尊下降區間。這正是為何我說即使認為孩子的課業令人感到煩悶，就去壓迫孩子、對他們吼叫，也不會帶來實際幫助的明確原因。

給成長中家庭的一句話

請不要責備需要提高成績的孩子，請告訴他們：「成績其實一點也不重要。你只要想著讓自己成長就好。」

我相信自己能改變孩子

我媽媽將下半輩子的人生都投入於擔任安親班老師。我也跟著待在媽媽的安親班裡，度過了我大半部的二十多歲人生。包括和我差一輪的弟弟在內，有十幾個孩子一起擠在狹窄的廚房裡，從國小二年級到高中三年級的學生都有。

媽媽在社區內以可以大幅改變孩子成績的「金手指」聞名。甚至還曾出現孩子們為了想進到這間環境惡劣的小公寓安親班裡就讀，大排長龍的奇景。

但也是有幾個孩子讓媽媽束手無策。這些孩子在生活受到控制的情況下，成績確實提升到了某個程度，卻遇到了極限。媽媽每晚都為了他們苦惱不已，她花了很長的時間，心心念念地想著要幫助這些孩子，想讓他們得到一個「靠自己努力到最後，成功求取好成績」的經驗。但這些孩子終究還是無法達到媽媽目標。

相信自己可以改變孩子、認為自己很有能力的媽媽，不知從什麼時候起，開始對孩子們發火。這是她在安親班初期不曾展現出的樣子。有如神話般的成功讓她對自己的教育方法產生了確信。她越是這麼認為，孩子們也就越痛苦。媽媽的教育方法在那些國小的學童身上發揮了最大的影響力。但隨著升上國高中，安親班的效果也就變得越來越不好。

我在近距離觀察媽媽的安親班，教導孩子的途中發現了教育者常犯的一個錯誤——相信自己可以改變孩子。

尤其當孩子還小的時候，只要付出一點努力，就能明顯地看到變化。這讓教育者確信自己可以改變孩子。然而，只要將眼光放遠一點，就會發現孩子們無法超越天生的領域或自己設下的領域。我們只要看一看韓國的補習街，就能馬上明白。

在一些因緣際會之下，我常和大韓民國數一數二的考試補習班院長見面。在與他們聊天的過程中，讓我感到不論學習法有多麼好，還是難以改變習性的這個事實。因為常會出現這種對話：

「院長，聽說你們補習班出了一個全校第一的孩子，有什麼祕訣嗎？」

「其實那個孩子自己在家讀書也能讀得很好。」

對於那些渴望學習的孩子來說，有效的教育已經非常豐富了。在教育者的調教之下，能夠提高的成績水準是固定的。只要達到那個水準，就會來到一個即使教育者再怎麼優秀還是無法解決的時期。

這是所有教育者都不願從口中吐出的真相——成績取決於孩子的天資。當然，我也不是叫你們就這麼放棄，只是想請各位記住，如果拼命地想要改變孩子，就會受到不小的反抗。我們犯下的最大錯誤，就是想要改變孩子，才能讓他們帶來好處的心態。孩子們可能會覺得這是一種攻擊。

改變必須從孩子的內在實現才有意義。如果你曾有過改變某人的經驗，那個改變並不是因為你，而是在他自己想要改變的當下，正好從你這裡得到啟發而已。

結論是孩子可以改變，但只有在他們下定決心想要改變時才有辦法做到。如果想要改變孩子，就必須放下胡蘿蔔和鞭子以及所有的威脅利誘，並以「為何要這麼做」的根本原因和學習樂趣來找出讓孩子成長的方法。

到目前為止，孩子們在現場帶給我的最大教誨就是孩子並不會照著我們養育的方式長大。如果你現在正為了教育某人而做準備，請隨時記住第一原則就是必須認知教育者的極限。

如果你懷抱著連孩子的特質都能改變的希望，我只想默默告訴你一聲：「抱歉，但孩子並不是這麼容易就能改變的存在。」

給成長中家庭的一句話

請這麼告訴那個相信必須更嚴厲指責孩子，才有辦法改變他的自己：

「光靠指責無法改變孩子。」

兒子總是一副天下太平的樣子，一點都不會感到焦慮

「我家孩子就算遲到還是一副天下太平的樣子。作業沒寫還是照樣玩遊戲玩到很晚。換做是我，應該就會覺得焦慮……」

接受諮商時，常會見到許多媽媽看見兒子對功課和成績一副無關緊要的樣子就感到焦慮。這時我通常會開玩笑地說：「如果教育子女的目標是為了讓孩子幸福，那這個孩子已經實現了不少呢。」

樂觀的男孩們在成績評價、準備物品、作業等方面無法取得優良成績。以前我媽曾經說過：「旼俊啊，像你這樣功課還沒寫好就開始玩，不會因為內心焦慮，變

得不好玩了嗎？乾脆先把功課寫完，要玩再玩吧」，但即使我還沒完成功課就開始玩，也完全感覺不到任何焦慮。相同的道理，我在現場也見過許多「完全沒有任何焦慮的樂天派」男孩。或許男性的腦中有一個在玩樂時比女性更容易忘卻一切的特殊裝置吧。

女孩們就不太一樣了。她們做出激烈努力的動機大多來自於焦慮。擔心自己在放下鉛筆的那一瞬間，不知道會被多少人追過；功課沒寫其他人會怎麼看待自己等等。這些焦慮有時會成為動力和成果。只要對這樣的孩子說幾句激起他們焦慮的話，就能看見他們極度努力的模樣。或許就是因為如此，才會有「女性照鏡子時總是看見自己的不足之處，而男性總是只見到自己帥氣的那些部分」這種說法吧。

因此，即使媽媽問兒子「你功課還沒寫好就玩，都不會心理不安嗎？」也經常見不到效果，因為在他們內心深處的動機機制並不一樣。那麼能夠驅使男孩的動力是什麼呢？如果沒有特定的東西，該用什麼來填補那個會讓人感到焦慮的空位呢？

只要稍微觀察一下不會感到焦慮的兒子，就能發現填補在那個位子上的是「對於自己的理想」。換句話說就是「虛張聲勢」。因此和「都不會焦慮嗎？」這句話相比，改成問他「你能多快完成這些？」效果反而更好。

舉例來說，請從下列兩句話裡面，找出較有效果的那句話。

「你再一直不收玩具，繼續弄亂的話，我就要罵人了！」

「你能在幾秒之內收完這些？」

哪句話對兒子來說更有效果呢？大部分的男孩都活在只要自己稍加努力就會成功的錯覺和虛張聲勢中。從實際研究的結果來看，拿著一個憑空創造出來的虛假數學概念到處問人家「你懂這個嗎？」，回答「懂」的孩子多數都是男生。

虛張聲勢是對自己的理想過高而產生的問題。因此兒子會在「我認為的我和實際的我」之間飽受折磨。孩子也知道自己的樂觀受到了某種程度的扭曲，但是像莫比烏斯帶一樣「一切都會順利」的樂觀將會趕走那些擔憂。

雖然我們用性別說明了習性的差異，但也有例外。有些男孩的焦慮情緒很高，我們必須降低這些無謂的焦慮，才有辦法讓他們投入到一件事情中。反之，在女孩中也有一些孩子完全感受不到任何焦慮。

動機來自於想要在別人面前好好表現的心態（歸屬感）、追求自我滿足和成就的心態（自我實現）、擔心自己會陷入負面情境中的心態（焦慮）、認為自己不如其他競爭者的心態（自卑感）。

如果是一位想要讓孩子有效率地成長的教育者，就必須掌握到孩子心中最強烈的動機為何。

這就是為何即使我們對於不會感到焦慮，總是一副天下太平的兒子說出「你這樣都不會焦慮嗎？」也看不到效果；對已經充滿焦慮的孩子說「如果這次考得很好，我就買獎品給你」，也無法讓他們安定下來的原因。

給成長中家庭的一句話

請不要問孩子「你都不會感到焦慮嗎？」而是改成下列問句：「你真的有辦法做到嗎？」

兒子一直虛張聲勢

「我家孩子真的很愛虛張聲勢，一直堅持自己可以做到那些他還難以完成的事情。我很擔心他再這麼下去可能會受傷。要怎麼做才能消除他這個行為呢？」

許多父母擔心孩子的夢想過大而受傷。甚至也有些父母在深思熟慮後這麼告訴孩子：「你還是過一個平凡的生活吧。只要過著不麻煩別人的生活就好。我們不奢望你成為一個了不起的人。」

出於擔心孩子的焦慮，脫口說出這些話，真的會讓孩子受傷。如果孩子具有喜歡訂立比現實更高目標的習性，就該注意不要說出這句話。

「家人對我沒有期望，是在無視我嗎？還是我真的沒有半點可能性？」

孩子會陷入這樣的苦惱之中。有些教育者和養育者認為對孩子抱持期望本身是個問題。然而，對於那些不以焦慮情緒為動機的大多數兒子來說，相信他們可以成功的信念，將會成為他們在這世界上努力生活的強大動力。

我也是其中一名那樣的孩子。只要有人開始責罵我或一一列出我的缺點，我就會關上耳朵不聽。但如果媽媽和老師只要告訴我有成功的可能性，我就會立刻豎起耳朵仔細聆聽。我記得當時自己一句一句地聽了進去，相信自己一定會成功。

在我大學時期，有位來自德國的教授對我說「你可以抱持著比現在更遠大、更奇怪的想法」。那位教授在相關的作業中建議我可以想得更遠大一些。我將這個建議視為他在對我說「你是個很特別、可以做大事的人」。這個想法在我二十歲中半時，成為我踏上無人歷經之路的強大動力。

如果有人要我說說看完成一件事必備的兩種條件，我認為那就是堅信自己一定會實現目標的心態和現實感。

腳踏實際的媽媽看著虛張聲勢的兒子，雖然會出現想要挫挫他銳氣的這種欲望，但如果太過實際，就會什麼夢想都實現不了。人之所以偉大，就是擁有想像不可能事情的能力。雖然很難找到自己兒子會成為這世上具有影響力的人這種可能性，但我還是希望各位能這麼告訴孩子：

「兒子，你以後一定會成功的，但現在還不是時候。」

「你一定能完成你想做的那些事，但不是現在。」

在對孩子寄予厚望時，一定要提到遙遠的未來，這樣藏有正面訊息的話語才能成為孩子心中的一顆種子。未來有可能完成偉大的事，也有可能做不到，但這有助於讓孩子在面對當前課題時，消除「我不想做、我做不到」的這些負面想法。請好好利用孩子的虛張聲勢，這會需要一點智慧。

給成長中家庭的一句話

請對不明白自己的極限，總是虛張聲勢的兒子這麼說：「兒子，你未來一定會成功的，但現在還不是時候。」

孩子吵著說要做自己能力範圍之外的事

八歲的旼俊總是看著哥哥做的美術作品，吹牛說自己也能做到。

「我做得比哥哥還棒！」

無論是看見哥哥花了幾個星期做出的機器人或繪畫，他的反應都是一樣。

「我也做得出來！」

「唉唷，這算什麼，我做的更棒！」

但這些不只是旼俊，也是許多男孩心裡的話。他們搞不清楚自己的極限，就常說出這種要挑戰的話。甚至說著說著，還真的跑去嘗試。接著在認清事實後就會留下眼淚，或是展現出無法完成任務的一面。

這種狀況對教育者來說非常棘手。所以偶爾在讓孩子們了解自己真正實力的教育中，必須向那些無法得到幫助的孩子展現厲害的作品時，就會感到負擔。因此我認為最明智的做法就是乾脆不要向孩子展現高出他們水準的作品。

然而，教育的每一刻都在追求成長。僅憑著希望孩子不要受到折磨的心態，是無法讓孩子成長的。為了讓孩子成長，必須協助他們，讓他們心懷理想才行。為了不讓孩子的自尊被挫折搞得斑駁不堪，我常這麼告訴他們：「總有一天你也能辦到，但那不是現在。」

向愛虛張聲勢的孩子展現難以模仿的畫作，有益於引起他們心裡的動機。唯有在展現出美麗的畫作後，從孩子口中聽到自己想要嘗試的話，才能根據孩子的能力重新分配目標。

這個時候就能賦予他們現實感了。因為沒有辦法教會不作夢的孩子，也沒有辦法幫助沒有現實感的孩子不要經歷失敗。

替愛虛張聲勢的兒子培養現實感，是可以幫助他持續做一件事情的重要力量。

當孩子擁有想要嘗試的事情而勇敢敞開心扉，卻一再累積失敗的經驗，那麼他很快就會成為不肯嘗試困難的孩子了。沒有比短時間內一再經歷失敗還要更快降低孩子自尊的事情了。因此替孩子培養現實感，就像教導他們懷抱理想的方法一樣重要。

教育者的作用之一，就是實際地重新分配和調整孩子不切實際的目標。如果我們袖手旁觀，孩子累積的可能就只是失敗的經驗。因此我們必須擁有將目標調整成符合現實的智慧。

如果孩子只有國小一年級，卻總是說自己能做出比大他十歲哥哥還要更好的作品或畫作來，那麼讓孩子認清他年紀的這種方式將會有所幫助。

「哥哥是高中生，你只有八歲。哥哥在你這個年紀時，別說是這些東西了，他當時連畫畫都畫不太好呢。」

好勝心強烈的孩子，經常會不分爸爸或哥哥，一定要和他們爭到底。他們忘了對方的年紀和付出努力至今的歲月，想要和他們站在同一條線上競爭。這種時候，如果能快速替他們的年紀作出區分，情況就會好一點。透過年紀區分，可以讓孩子看見他們沒注意到的部分。

接著，即使成果做得比原本的目標還要樸素，還是要說出「以你的年紀來說，能做這樣真的是很棒了」這樣的稱讚，並調降目標。大幅降低孩子的目標後，將會替他們帶來可以持續成功的經驗。

孩子的虛張聲勢不僅僅是因為相信自己和想要炫耀才會產生。同時也伴隨著想要得到最親近的人們認同、想要看到家人因為自己開心的欲望。因此，沒有什麼話比不加思索地、毫無保留地戳破實力，並要對方「醒醒吧！」還要來得暴力。請用「雖然還辦不到，但你有潛力」這句話來支持和陪伴孩子。虛張聲勢會成為原動力，他們總有一天會長大成為真正成功的孩子。

給成長中家庭的一句話

請告訴不了解自己的實力，卻說著「我能做得更好」的孩子：「你總有一天會做好的。」

孩子在面對新事物時，就會先說自己辦不到

有些孩子會固執地說自己能做到那些沒有能力辦到的事情，也有些孩子心中塞滿了覺得自己辦不到的想法。

七歲的旼俊就是這樣的孩子。旼俊媽媽和我聊了一會兒，告訴我她很擔心旼俊拒絕掉畫畫、手作、拼字等所有一切事情。我在聆聽旼俊最近的狀態時，問了這個問題。

「旼俊擅長做什麼事？」

旼俊媽媽有些難為情地回答：「笑。」

「真酷的兒子！他一般都在什麼情況之下選擇放棄呢？」

「他獨處的時候會做各種事情，但如果在嘗試新事物時有人在旁邊看著，或有新的人在場，他就不做了。」

回想我這段期間以來在ＪＡＲＡＤＡ見到的孩子們，這些拒絕嘗試的兒子們都有一種特定的代表習性——非常在意他人對自己的評價。

舉例來說，如果在畫畫方面對他人給予的評價感到有壓力時，不管手上拿的是筆刷還是彩色鉛筆，只要一抓起來就會立刻放下。確切來說，就是在確定自己能夠做好之前，就不打算付諸行動。我們可以說那些在獨處時反而會做更多事情的孩子更具有這種氣質。

如果要叫具有這種習性的人畫畫，建議可以請他畫一個別人都無法評價的抽象物品。龍捲風、海浪、風等都是極具代表性的字彙。要他嘗試畫畫看沒有所謂「棒」和「不棒」界線的塗鴉，也有所助益。

這種方法各位可能會覺得有些陌生。在面對這種情況時，可以向孩子傳遞下列訊息：「我們沒有要指責或評價你，只是想要和你在一起。」

必須先累積這種信賴，孩子對於接下來的指導和教育才會產生興趣。

神奇的是，具有這種習性的孩子，大部分在開心地畫完一次的龍捲風之後，就會繼續畫接下來的東西——不論事物或是動物。這並不是因為塗鴉本身具有特殊的力量。我們只要將它視為是孩子開始信任現在的狀況，開始信任對方這個大人的信號就行了。

害怕自己的實力無法滿足某人期待或社會標準的孩子，他們的情緒似乎像是處於和虛張聲勢相反的另一端——自卑感。但微妙的是，這種情緒和虛張聲勢也能相互連結，因為他們都擁有著「應該要能做到！」的壓迫感。

自卑感和虛張聲勢有時會在一條相似的線上。這種情感雖然會讓孩子成長，但也會因此讓孩子不願去挑戰全新事物。這種時候，協助孩子重複達成小小成功非常重要。

對於那些在充分可以達成的事情面前仍躊躇不前的孩子，請給予他們必定能夠成功的任務。不是要你說「試試看！」就將任務一次丟給他們。分階段給予任務的方法將會帶來幫助。

「我們來畫畫看龍捲風吧？」

「龍捲風飛到哪個方向呢？」

「哇，龍捲風的威力看起來好強喔！」

這些反應會替孩子的內心帶來勇氣。

孩子的自信心和成長是以經驗為基礎的。請協助孩子，讓他們累積的經驗都能成為正面的回憶。

給成長中家庭的一句話

當孩子在學習上或展現自己時出現恐懼，請幫助孩子，讓他們能夠體驗小小的成功。請這麼告訴他們：「我們來畫畫看龍捲風吧？」

孩子想要拿成績來和我交換條件

「老師，我家孩子非常想要智慧型手機。我打算告訴他成績好的話就買給他，這樣可以嗎？」

剛升上國中的旼俊還沒有智慧型手機。他在與同齡朋友溝通上感到有些困難，於是每天都吵著要媽媽買手機給他。他第一次段考前向媽媽提議，如果考試考得好，就請媽媽買手機給他。旼俊媽媽認為這種程度的獎勵是可以的，但還沒有明確地和兒子做好約定。我這麼告訴旼俊媽媽：「嗯，如果透過一些案例來推測往後的情況，得到好結果的機率會比妳想像的還低喔。」

「為什麼？」

我這麼向她說明。

「如果獎勵過多，就會出現孩子將心思放在遙遠的未來，無法專心讀書的現象。只要做出『只要你成績提高幾分，我就買智慧型手機給你！』這種約定，就會因為過於想要提高成績而無法專心學習。」

由於意志燃燒著，所以仍有辦法坐在書桌前面。但又會對孩子產生另一種刺激——陷入要買哪種品牌的手機才好的苦惱之中。

到目前為止，以兒童和青少年為對象進行的腦科學實驗中，可以在相當於心理領域的實驗結果中發現，在提供孩子強大的獎勵要他們解決問題時，失敗率也會跟著提高。

孩子的學習也是如此。想要提高成績，就必須先制訂計畫，讓他們自己達成計畫，完成各種任務才行。要做到這一點，就得投入於這個過程本身。在腦中不斷浮現出智慧型手機的狀態之下，很難完成如此複雜的任務。

這和偶爾答應孩子寫完評量，就讓他們玩手機的情況完全不同。在解決任務時給予獎勵，並非總是沒有效果。在短時間內解決的任務或是任務的難易度較單純的情況之下是有效的。我指的是坐在書桌前兩個小時就能完成的那種任務。

為了賦予孩子動機，我贊成偶爾進行一些有趣的交易。做孩子想吃的東西給他吃、帶他外出用餐、帶孩子一起外出或暫時允許他玩一下遊戲等，這些都是不錯的交易。

然而，如果一再重複累積這樣的事情，孩子可能會認為成績和學習不是為了自己，得到好結果的機率自然也就會變少。以短期來看，這種作法會降低專注力；以長期來看，孩子不會意識到自己是為了誰而學習。因此還是需要適當的對話。

給成長中家庭的一句話

當孩子想要拿成績來交易時，請這麼告訴自己：「足以動搖孩子內心的獎勵，反而是阻礙他投入的因素，要記得這一點。」

孩子無時無刻都在要求獎賞

「乖乖吃飯，媽媽就買果凍給你。趕快把飯吃完，我們去買果凍吧。」

「你做到這裡，媽媽就買獎品給你。」

「這次考試只要超過八十分，我就買電動遊戲機給你。」

只要告訴不聽話又不肯吃飯的兒子會給他獎賞，馬上就能看見他認真吃飯的樣子。吃飯和讀書原本就是為了自己，但只要給過一兩次獎賞之後，現在就會乾脆想要以此來進行交易。

「我做完這個能得到什麼？」

每當聽到這種話，父母雖然會擔心自己的教育是否正確。但抱持著效果不錯，這麼做總比教訓好的想法，便會持續地給予孩子獎賞。對同理能力相對不足、自我主導習性較強的孩子來說，獎賞這個方式特別有用。

「為什麼要做這個？」

對於找不到理由的孩子來說，獎賞就會成為讓他們完成這件事情的名目，也會成為理由。雖然非常短暫，卻能發揮正向功效。再加上多用獎賞來養育孩子，似乎也不會毀掉他們，因此教育者和父母不須病態地遠離獎賞。

但是要知道，在做任何事情時，以獎賞為中心行動的孩子都有些共通性的問題——如果持續給予獎賞，有些原本喜歡的事情，沒有給予獎賞就不願意做了。例如，有一位青年買了照相機外出拍照。第一次外拍時，他利用了寶貴的休假，也自己負擔了費用。即使拿著沉重的相機走了一整天，也會因拍照的樂趣而不知疲勞。回到家後整理著照片，還笑呵呵地說「下次還要再去」。

但某天收到好朋友的聯絡。朋友問他是否能在孩子的週歲宴上幫忙拍照。因為是好朋友的請求，又沉迷於拍照的樂趣中，所以就過去拍了一下，同時想著拍照果然非常快樂，最後甚至還得到了一些錢。做著自己喜歡的事還能賺錢，感覺真是加倍幸福。其他朋友也聽到消息，所以開始接二連三地受到邀請。像這樣出去拍了兩三次後，某天得到的報酬明顯較低時，心裡就會突然覺得有些奇怪。原本不管有沒有錢，只是作為興趣外出拍照的，現在卻開始覺得沒收錢拍照就不合理。

這和我們孩子在得到獎賞所經歷的過程是相同道理。吃飯吃到一半，開始做起其他事情拖時間時，只要媽媽給了幾次果凍作為獎賞，當天的表現就會很好。但從某一刻起，孩子只要沒有果凍就不肯吃飯。如果孩子問「我吃掉這個能得到什麼？」時，請告訴他「吃飯是為了你自己好，是一件快樂的事」，停止獎賞，並讓孩子了解吃飯的原本樂趣。

雖然請孩子跑腿是一件好事，但如果在跑腿後持續給予獎賞，說不定就會在不久之後「旼俊啊，你可以來幫媽媽一下嗎？」這樣的日常對話中，聽到「我幫妳的話可以得到什麼？」這樣的回答。

雖然看不見孩子努力是個問題，但每個行動都給予獎賞，就很難告訴孩子作為共同體的一員，也有事情必須該由他做的感覺了。

如果孩子參與家務，這是作為家庭成員該做的事情，當然不用獎賞。但如果反覆給予獎賞，孩子就會在某個瞬間產生「我做家事就是為了獎賞」這樣的錯覺了。

給成長中家庭的一句話

請這麼告訴詢問「我做完這個能得到什麼？」這個問題的孩子：「這是你身為家庭一員該做的事，所以不會有獎賞喔。」

沒看見孩子的努力，他就會埋怨不已

某天，有個孩子寫了一封信給我。

「雖然我不是為了媽媽讀書的，但即使我考試得了好幾次一百分，也從沒聽過她稱讚我。但是在不久前我寫錯兩題，結果卻被罵到臭頭。我真的很討厭媽媽。是我不對嗎？」

看見這封信，讓我很想直接回答「不，你沒有不對」。如果父母或老師為了傳達「這是你份內的工作」這種訊息，而持續忽視孩子透過努力得到的成果，孩子就會覺得空虛。我們來回想一下公司生活。雖然不是為了其他人而努力，但如果真的都沒有人察覺到自己的付出，就會覺得失去動力。

為了讓一個人持續做某件事，重要的是必須找到「做事的意義」。對我來說也是如此。我在工作時抱持的並不是要長久從事教育孩子這份工作的心情，只是在陪著父母一起逐一解決掉眼前孩子的這些問題後，看見他們親子變得幸福的模樣，讓我發現了做事的意義，所以到目前為止我都還十分樂於工作。

孩子們也一樣。如果要他們「抱持著耐心，一定要認真學習」，就會產生反抗心理。但如果說出能夠帶來真正意義的話，態度就會不同了。請這麼告訴他們：

「現在你所做的事情對你有很大的幫助。這些變化是因你而生。」

這句話賦予了孩子意義和興趣。

任何事情都會有不想做的時候。為了跨越那個期間，需要的不是耐心，而是意義。即使是死都不肯做自己不喜歡事情的人，只要看著子女津津有味地吃著用自己賺的錢買來的食物，就會產生很大的力量，這就是所謂的意義。

有人說人類為了要繼續完成某些事情，才會需要獎賞。但準確來說，我們需要的應該是意義，獎賞只不過是其中一項意義罷了。

就像是寄來這篇故事的那位孩子一樣，如果父母不能一起同樂，動機就會下降。許多孩子找不到自己的動機——他們為了看見父母開心的樣子學習；為了想成為大家羨慕的對象、成為某人的榜樣而學習；因擔心會落後的焦慮而學習。

賦予錯誤的意義，將會造成努力錯了方向。這裡用成績來當例子。以孩子的立場來看，當父母說了「提高成績」，就會感到壓力，心情也會低落。但一樣的意思也有另一種說法：「成長吧。」

這對聽的人來說，就會產生欲望。

這就像說著「一定要讓這次專案的銷售量提高兩成」的主管改口說「請透過這次專案多加學習，好好成長」的效果相似。

我記得自己在JARADA營運初期也曾對老師們犯下類似的錯誤。我想創造出的不是讓員工做給別人看，而是與自己戰鬥的組織文化，所以只要有人得到不錯的成果，我就只會在心裡祝賀，並不會表現出太多情感。

問題是出現了一些和我的本意無關，認為自己的努力沒有被看見的人。當時我和其中一位老師面談時，聽到了這些話：

「沒有人看見我的努力，我真不知道自己做這些是為了什麼。」

那時我才明白，每個人都需要一個能夠了解我、看見我工作意義是什麼的人存在。這對孩子來說也是一樣。如果以「如果你認真創作，老師就陪你踢足球」這種方式來為孩子賦予動機，就代表踢足球比美術課還更加有趣，因此不利於引導他們上課。但如果孩子努力做了什麼，仔細看著他付出過哪些努力並提出問題，這個行為將會帶來珍貴的結果。當自己的努力不被世人看見時，就會自言自語地說出：

「上天知道我的努力吧。」

說到底，教育者的作用之一就是當個「找出孩子的努力，成為賦予那個努力意義的人」。如果孩子寫了作業，我建議各位不要以檢查的方式來問他「你做了？還是沒做？」，而是要去找出他努力的痕跡。

必須要具體看看孩子是怎麼做的，試著為他的努力賦予意義，這樣才能成為孩子持續努力下去的動機。

當孩子幫了父母的忙時，說出「媽媽有你幫忙真輕鬆」這樣的一句話，對孩子來說具有極大的意義。

如果孩子不肯放棄讀書，想要堅持到最後時，就需要向他說聲：「你應該很累吧，但還是不肯放棄願意堅持到最後，真是辛苦了」

雖然孩子在聽到這些話之後，並不會每次都做出反應，但心裡卻發生了很多反應。不要忘記任何努力在沒有意義的情況之下，都很難持續下去的這項事實。

給成長中家庭的一句話

請多說些看見孩子努力的話：「我們很開心看到你那麼努力。」

就算要教他，孩子還是鬧著不肯學習

剛開始學習乘法的旼俊還不了解自己為何要學算術，對算術也還未產生興趣。另一方面，旼俊媽媽說著「最近開始教乘法了，但旼俊就是無法接受」，感到非常擔憂。

「明明就是昨天才學的，只要換個數字，他就會硬說自己沒學過。明明是一樣的問題，只要將數字順序顛倒過來，他就會說不知道。這樣是不是有什麼問題啊？」

我可以理解那種「原本以為世界上還有很多要學的東西，區區一個乘法應該算不了什麼。結果現在才學一個乘法就搞得筋疲力盡，真不知道未來該怎麼辦」的心情。首先，我認為要先跟大家解釋一下旼俊沒有什麼大礙。

「媽媽，旼俊可能是因為不想做，才會說不知道。」

「咦？難道就沒有辦法嗎？」

我這麼向她說明。

「請先暫時放下妳想教他的東西，專心去做一些孩子喜歡的事情。他喜歡什麼呢？」

「玩遊戲。像是《絕地求生》……之類的射擊遊戲。」

「那妳就跟他聊一下裡面出現的AK-47步槍吧。請試著這麼跟他說：『這個彈匣裡有三十發子彈，老師一共有四個彈匣，這樣可以開多少槍呢？』孩子就會立刻專心起來。」

大部分的教育問題，只要考慮到孩子的狀態和關心事項就能輕易解決。好的教育者是能將孩子想學的主題和教育者想教的主題完美結合的人。有些教育者會用《魔車戰神》來教英語，也有些家庭會利用《精靈寶可夢》來教加減乘除。

我建議各位好好尋找一下在「媽媽想教的東西」和「孩子想學的東西」之間的中間點，這將會成為出色教育的出發點。

當然不用每次都這麼做。雖然一開始可以以樂趣出發，但終究還是得要有意義才能堅持下去。也許我們要做的，就是陪著孩子一起找出為什麼要讀書的答案。當孩子找到答案並自主學習時，才能得到真正的成長。

給成長中家庭的一句話

起初可以從誘發興趣開始，但請慢慢幫孩子找到意義。請這麼告訴他們：「我們一起用你喜歡的東西來學這個科目吧？」

我想教會孩子讀書的樂趣

讓孩子對讀書產生興趣的最佳方法，就是用他們喜歡的東西來教學。有一次，我受到一位媽媽的委託，要暫時去教一個真的很討厭練習寫字的小一學生。我和那個孩子聊天後發現他不知道自己為何要寫字。他說自己很會摺紙，即使不會寫字也完全不會感到丟臉。這是個自我非常健康，但卻無法置之不理的可愛狀態。

我先是找出那個孩子喜歡的東西。透過幾次的繪畫和對話，才知道他對恐龍有興趣。所以我向他提議，要他先畫出以頭部撞擊出名的「厚頭龍」，再寫上恐龍的名字。神奇的是那孩子沒有任何抵抗就和我花了很長時間一起練習寫韓文字。

在我到目前為止於現場學到的東西中，有個訊息必須透過本書來傳達給各位

——沒有孩子討厭學習。

有不少爭執是因為大人對孩子的語言或興趣不感興趣而造成的。邀請哭鬧著說不要著色的孩子一起來刷油漆，給他一支刷子，結果孩子就帶著閃亮的眼神開始上色；要求討厭英文的孩子用英文解釋自己喜歡的遊戲中出現的遊戲用語，結果就發生了他開心講著英語的奇蹟。

有能力的教育者會放下自己想教的東西，從孩子想學的東西當中，找出教學的意義。

給成長中家庭的一句話

當孩子拒絕學習時，請這麼問自己：「我是不是太過強求他去做該做的事情了？我家的孩子喜歡什麼呢？他是從哪裡感受到樂趣的呢？」

兒子對讀書沒有欲望

凡是上過班的人，都會記得在處理與自己意願無關、上級指派工作時的情感。對於不知為何要做這個工作的情感和經驗，可能不會讓人太過愉快。這世上再也沒有比找不到原因和意義，還得繼續工作更累人的事情了。

因此，這時指派工作的人必須依照適當的程序來指示業務。在找不到原因和意義的情況之下，重要的是不要讓人以不當的方式感覺業務過重。否則公司一定會付出代價——以工作無法明確結案或負責人遞出辭呈的方式。

養育孩子也是如此。重點是要掌握孩子對於非做不可的理由能產生多少共鳴、擁有多少動機，並引導孩子在不會覺得過重的情況之下學習。

國小六年級的旼俊和旼俊媽媽每天都因各自主張「要讀的分量太多了」和「這些分量只是基本」而產生對立。

旼俊媽媽說：「孩子只要一坐在書桌前，身體就會開始不停扭動，真叫人生氣。我又沒有叫他要讀很多書，只給了他非讀不可的適當分量而已」，說完嘆了一口氣。我這麼問旼俊媽媽：「非讀不可的適當分量是由誰來決定的呢？」

旼俊媽媽回答我：「我啊，孩子對讀書沒什麼想法。」

我想旼俊的不滿可能是從這裡開始的。我們必須給予對讀書沒有興趣和動機的孩子自行決定學習分量的權力。

在學習上也有和管教一樣，必須尊重孩子選擇權的領域。老師出的共同作業是一定要完成的領域，因此即使不用刻意讓孩子理解，還是能教他們務必要完成。但在增加學習分量時，必須先向孩子說明非做不可的理由，取得孩子的共鳴，才能長久持續下去。

如果因為擔心現在落後而強制要求，孩子在學習上就會變得被動，成績上的表現也會難以令人滿足。

我這麼說，應該會有父母感到委屈。也有很多人以「和其他家相比」這種方式來說明自己孩子對讀書到底有多沒興趣。我也有一定程度能了解那種鬱悶。

但我還是必須得告訴各位，孩子認為的學習基本分量和父母眼中的基本分量總是存在著差距。對孩子來說，光是學校老師出的作業，就讓他們覺得沒有時間玩樂而感到焦急了。

但以父母立場來說，有英語必須該讀多少、數學必須該讀多少的概念。因此這些部分無法成為管教領域。

如果想要以過於貪心的管教方式來引導孩子，那麼原本應該管教的部分就會開始跟著崩解。

孩子可能會一邊大喊「我就是不想做！」衝出家門。當孩子無法停止「到底為什麼要做到這種程度」的想法時，就會開始懷疑起父母的判斷，同時父母的權威也會跟著崩塌。

因此，對於那些真正該做的部分，不管孩子的欲望如何，都該畫清界線，並引導孩子跟上。還有，請讓孩子能夠自行決定一定部分的學習量和科目。

給成長中家庭的一句話

和孩子因學習量產生爭執時，請這麼告訴他們：「好吧，不能完全不讀書，但學習的分量和進度就交給你來決定吧。」

第七章

自尊

——孩子的問題來自於自尊

就讀小二的兒子很討厭寫評量作業，所以我告訴他「八點以前寫完，我就唸故事給你聽」，結果他一直到八點三十分才寫完。當他叫我唸故事給他聽時，我說因為他沒有在時間內寫完所以不行，結果他就哭了。我原本是想要賦予他動機，讓他得到自信心的，結果現在感覺好像有那裡做錯了。

唉唷，所以最後以不好的經驗結束了。妳一開始就給了很難達成的任務，這似乎就是問題所在。下次在決定這些賦予動機的項目時，請先把時間排除掉吧。

是要我告訴他「只要在今天之內完成，我就唸故事給你聽」嗎？

沒錯。在賦予自尊和動機時，重要的是必須讓孩子反覆經歷成功的經驗。失敗也只要三次就能學會。請務必記住這點。

我家孩子的自尊有問題嗎？

「老師，孩子喜歡虛張聲勢讓我覺得很心痛。」

有個男孩嘴上說覺得和女生或弱小的人玩很無聊，只喜歡跟強壯的人玩在一起。但和他媽媽諮商後發現，他以前其實就只會跟女生或安靜的弟弟妹妹們一起玩。當我實際中的樣子和理想中的樣子相悖時，就會出現虛張聲勢的說法和行動。那孩子見到我才不到幾分鐘，就突然這麼大喊：「老師！我覺得和女生一起玩真的很無聊耶。我真的很喜歡和強壯的人一起玩。」

孩子的虛張聲勢有時是為了保護自我。因為非常清楚自己現在的樣子達不到本人及周圍的期待值，所以這是一種因為沒有勇氣面對而出現的防禦機制。

有些孩子是真的單純相信自己可以做得很好，有的虛張聲勢則是出自於太了解自己，也有的虛張聲勢是沒有勇氣將自己推向這個世界。這種時候在看待孩子時，必須考慮他的自尊有可能太低。

這樣的孩子需要的是「相信自己真實的樣子會被接受」。我們必須幫助孩子，直到他們感受到「露出自己真正的一面也沒關係」的想法。這種心態雖然也能用語言來學習，但透過「以自己的模樣帶給別人好的影響力」這種經驗，將會有很大的助益。

給成長中家庭的一句話

當孩子的虛張聲勢有共同點時，請這麼問一下自己：「我現在是降低孩子自尊的評價者？還是提高自尊的助手呢？」

每次一有問題，就會開始怪罪別人

「都是因為媽媽才會這樣！」

當我要媽媽們寫下兒子的問題時，有相當大比重的問題都是「怪別人」。很多孩子會將自己的問題怪罪到父母或老師身上。不僅是孩子，大部分成人也會無法接受建議，進而將問題分散，怪罪到對方身上。

比想像多的人認為針對自己提出的建議是一種攻擊，因為想要得到他人認同。當想要獲得認同的對象提出建議，就會產生不被認同的情感而生氣。當孩子強烈地想要得到父母認同時，父母的建議就會成為宣告失敗的信號，讓孩子因此變得憤怒。教育子女之所以困難，其中一項原因就是父母的建議會被子女認為是一種干涉或攻擊。

自尊的核心就是不受他人觀點左右，以自己的觀點來看待自己的力量。如果孩子認為父母不是「評價我的人」，而是「幫助我實現目標的助手」，關係就會產生穩定性。

當人對於他人評價越敏感，就越難真心接受自己的問題。如果產生「我也有擅長的東西，但媽媽就只會指責我做錯的事情」這種想法，即使找到了可以解決問題的好方法，也會難以接受。

為了讓孩子克服自己的不成熟並成長，首先要進行的就是自尊訓練。湯瑪斯・愛迪生、阿爾伯特・愛因斯坦、喬治・布希總統等成功的ADHD（注意力不足過動症）患者特徵並不是散漫，而是擁有能夠喜愛自己身上所有才能的胸懷，也就是自尊。雖然因為個性散漫，很容易被誤會很難負責任地專注在同一項事情上。但重點是要相信自己到最後一刻，並努力地去實現。

自尊可以透過充分訓練而變得堅定。根據讓孩子暴露在什麼樣的環境之下，他們的自尊可能會在一瞬間下降，也可能會在一瞬間提升。為了讓可能是優點，也可能會是缺點的獨特個性成為優點並綻放開來，就會需要自尊。

漫長的人生要能平安幸福地綻放，就一定會需要自尊。所有容易因為小事生氣、難以接受他人主張的人，都需要恢復自己的自尊。

如果孩子現在很容易因為小事發脾氣，請協助孩子檢查是否處於充分信任自己的狀態。

給成長中家庭的一句話

請說出這句話來替孩子建立自尊：「不管你要做什麼，我們都會一直支持你，因為你很寶貴。」

孩子身上找不到熱情

自信感是比較趨近於告訴他人我可以辦得到這件事情的表現，而自尊則是給予自己的評價。自尊會隨著達成自己設立的目標而變強大。

在與孩子相處時，會誤以為只有擅長跑步或遊戲等其中一項，才能受到認同，不知道這就是為了想要得到他人認同的掙扎。將這個想要展現給其他人看的掙扎拿回自己身上，就是自尊教育的開始。以這個層面來說，由於稱讚也含有評價，所以不是一個培養自尊的好工具。

「你做得真棒。」

「你今天很漂亮。」

「你果然是個乖小孩。」

「你最棒了！」

為了全力祝賀和支持孩子實現的事情，我們必須減少這些評價的話語。若孩子照著我們意願行動時就稱讚他，那麼這股熱情就會像速燃炭一樣無法持久。依賴稱讚的孩子在稱讚消失的那一剎那，動力也會隨之下降。

反之，自尊就像木炭一樣。即使不用熱熱鬧鬧，也能成為長久做一件事情的動機。自尊是以達成自己設立的目標為基礎所形成的。

設立目標後，沒有實際遵守的孩子無法獨自建立自尊，因為他們沒有經驗。有這種習性的孩子口中說的愛自己，其實是沒有任何意義的，因為那不是真的。因此，比起在口頭上告訴孩子要愛自己，倒不如幫助他們自己設立計畫並達成目標，才有助於形成自尊。只要累積這個經驗，孩子自然而然就會產生熱情。

請協助孩子自行設立目標。即使不是什麼厲害的目標，只要能累積自己獨自達成目標的經驗，就能讓自尊提升。這與自我實現的欲望也有所關連。

在扶起跌倒的孩子時也是一樣的。請記住，在說要靠自己站起來而大發脾氣甩開我們手的孩子心裡，藏有我們掌握不到的、對於自尊的欲望與熱情。

給成長中家庭的一句話

想要喚起孩子的自尊時，請這麼想：「即使孩子還不夠好，也得靠自己完成才行。」

孩子只顧著玩遊戲或看影片

國中二年級的旼俊讓媽媽非常苦惱，因為他什麼都不想做。

「但他還是至少會做點什麼吧？像是玩遊戲之類的。」

「沒錯，他就只顧著玩遊戲或看影片。有一天他放學回來之後，一整天都躺在床上看影片和玩遊戲，看了真的很討厭。所以我揍了他的屁股，結果他對著我大吼『看是要打還是要罵，妳選一個就好！』其他孩子也是像這樣嗎？校內成績該怎麼辦？孩子不肯讀書，真是快把我逼瘋了。」

「妳希望孩子很會讀書吧？」

「就算他不讀書也沒關係，但我想要看見他滿懷熱情生活的樣子。」

當我們經常看見孩子軟弱無力或毫無欲望的樣子，就會感到非常生氣。甚至比兒子做錯事情時還更令人生氣，因為我們不想看見孩子浪費人生的樣子。這時真正想對孩子說的，是要他們更認真、更有熱情地把生活過得有趣一點，但父母說出口的卻是「快去看書」這句話。

即使是讀書之外的其他事務，只要孩子願意傾注熱情去做，大多數的父母就會給予支持。然而大部分的孩子度過了充滿熱情的童年，在上了國高中時期之後，就會開始變成一副有氣無力的樣子。

如果你的孩子在國小時期滿懷著熱情和熱誠，卻在上了國中之後或從更早以前就在成長的過程中逐漸變得無力，那麼我們第一件做的，就是從避免做出傷害孩子自尊的行為開始。

這些話會傷害孩子的自尊。

「你自己看著辦！」

「你說對就對吧。」

「你看，如果你自己能做得很好，我還需要這樣嗎？」

如果這些都是你平常會說到話，那我建議你全數收回。我們看著孩子不去讀書的樣子，常常會想要向他們證明「你錯了」。

「好吧，隨便你愛怎麼做就怎麼做！」

我們最後就會這樣發火，然後雙手叉在胸前看著孩子照著自己想法去做。

但這不是真正地給予孩子機會，而是挖了一個陷阱給他們跳。雖然我們認為只有在證明「你就是這麼糟糕」，媽媽才有機會插手。但這個機會卻永遠不會到來，只會讓孩子體驗到無力而已。

當然，讓孩子照著自己想法去做的方法，只是為了避免他們變得無力的權宜之計。理論上是這樣沒錯。

如果想要替孩子的心靈製造一點火花，親子之間的連繫就很重要了。當關係不深厚時，無論是什麼，只要是父母說出口的話，他們就有很高的可能性不願相信。

我們首先要做的，就是恢復建議者的地位。

「如果他只要是媽媽說的話，就連聽都不聽呢？」

這時請陪著孩子一起收看他們沉迷的遊戲或影片。重要的是必須站在孩子的立場上去了解他。

等到恢復對話之後，就會開始出現可以嘗試的空隙。此時可以這樣試著問問看：「你最喜歡什麼？我在你這個年紀時畫了很多畫，而且也像現在的你一樣挨了不少罵呢。」

同時也請了解一下孩子熱衷的事物。

不管是露營、游泳或運動都好。請帶著孩子走進遊戲或媒體之外的領域。陪他一起經歷身體力行的經驗，重複著小小的成功。這些將會替孩子的生活帶來一些生動感。

給成長中家庭的一句話

在逼迫無力的孩子之前，請父母先這麼問一下自己：「我現在有得到孩子的信任嗎？有同理孩子的心情嗎？」

孩子不照我的引導去做

在我經營的ＪＡＲＡＤＡ學院中，有一間曾一度失去朝氣。我越是親自坐鎮指揮，掙扎著想要改善問題，團隊成員的動機就越是低迷。當時對於管理組織還不太成熟的我認為必須要先改進成員們錯誤的想法才行。我花了很大心力來證明自己說的對，是對方錯了這件事。但我越是這麼做，反而讓組織越陷入泥灘之中。

當時我最常說的話就是「老師，這個不能這麼做」。我們彼此之間的溝通消失了，誰也不願意提出新的意見。

當眼前看見方法了，團隊卻聞風不動時，真的很令人鬱悶。對一位領導者來說，這真的是個駭人的記憶。

組織是在我停止插手之後才開始復甦的。在我退出管理，讓一位成員擔任中層管理者之後，就開始發生變化。

被任命為中層管理者的老師，他的計畫和我的意見不同。他提議先處理的事情與課程品質、專業性和損益等毫無相關。老師們專心地製作要放在入口處展示的大型作品。我雖然無法理解，但由於這是他和團隊成員們一起做出的決定，我只能抱持著相信管理者的心情等待。

成員們一開始似乎也覺得「這個可行」，但作品耗費的時間比想像中還久，大家也開始感到疲倦。我認為新的領導人將成員的勞力花在莫名其妙的地方，為此感到有些焦慮。

但中層管理者還是堅持著要完成作品。最後終於結束了。參與創作的成員們慶祝著自己的小小成功。我沒想到這件事會替組織帶來這麼大的變化。現在成員們產生了「只要做就行」的自信，在不知不覺間，開始積極地提供意見，士氣的進展也開始與損益活動掛上連結。

這起事件讓我得到了三個領悟：

一、即使辯贏團隊成員，也得不到任何東西。我越是在口頭上辯贏團隊成員，他們的士氣就會降低，眼睛也開始失去活力。在教導的名目之下，引出的就只有隊員們的失敗感。想要提升動機並不容易，但摧毀卻只需要一瞬間就能辦到。

孩子們也是如此。每當大人用語言辯贏孩子時，總會忽略孩子眼中的活力正在消失。即使大人在嘴巴上贏了孩子一百次，那也不算真正的贏。我們要給孩子的不是命令，而是即使有些微不足道，也能讓他們自行選擇和感受的成就。

給予孩子選擇權。每當孩子實現自己的選擇時，眼睛就會閃閃發光，會照著自己的模樣發展盛開。然而，每當大人試著證明孩子做錯了，名為孩子的這朵花就會逐漸凋零。教育的起點並不在於「怎麼做」，而是去珍惜「原本的樣子」。

二、由團隊成員自己建立的計畫並取得成功經驗，才是拯救整個團隊的重要要素。我們在這裡將親子之間想成同一個團隊，舉個例子。

有個名為「勝利者效應」的用語。根據研究顯示，在猴群中排名中間的傢伙，並不會一開始就跑去挑戰排名高的猴子，而是會選擇逐一戰勝排名低的猴子。累積勝利的經驗越多，戰勝高排名猴子機率就越大。

據說格鬥選手們會運用這項技術，在重要的比賽之前找比自己弱小的選手練習，而不是比自己強大的對手。他們藉由戰勝這些弱小的選手來累積小小的成功以得到正面的效果。

連續經歷小小成功的團隊士氣非常驚人。以前我就算唸了一百天也無法實行。沒想到現在竟然也開始從成員口中聽到該做這些事情的話了。

第三個領悟是在提升團隊士氣的種類並不重要。如果我叫那些老師不要做那些東西，反而要多提高自己的專業性，那問題就會反覆重演。

以我的情況來說，目標並不是要叫老師工作，而是支持他們去實現自己想做的事情，才能讓他們的自尊復活。而這麼活下來的自尊，將會影響其他培養專業性的領域。

如果希望自尊低下的孩子取得小小成功，那推薦先別管類型，而是從孩子有興趣的地方開始。這是我們即使聽到孩子們想要在課堂上製作武器或繪製遊戲中的人物，也願意積極支持他們的最大原因。

這起事件成為我身為一位領導者的轉捩點。我體悟到管理一個人的成就不僅是對孩子們，這對所有人類來說有多麼重要。我每天都在體會放下自己，和信任的團隊一起工作的喜悅。

現在我與成員之間的主要工作業務就是傾聽他們制訂的計畫，並支持他們讓計畫得以實現，賦予他們成功的意義。當然，還是要抓住大方向來提示他們，並且不斷與他們同在，但更重要的是要讓成員的自尊變得更加堅定。

為了達成自己設立的目標而組織起來的團體，力量非常強大。在高自尊的團隊中，可以感受到一股難以言喻的穩定感和信任。一旦團隊找回自尊，就會更加出於本能地找出可以品嘗到成功滋味的事情並加以實現，進而達到成長的效果。

如果各位的孩子感到無力，請記住以上提到的這三個重點。請協助讓孩子有機會替自己主張，並努力讓他經歷實現這些主張的經驗。因為這在喚醒孩子已逝的熱情上，是最有效果的方法。

給成長中家庭的一句話

當孩子不照你引導的去做時，請這麼告訴他：「一起來盡情地做你想做的事情吧。我們會支持並幫助你的。」

我不滿意孩子們的生活習慣

我曾替一位家裡有三個兒子的媽媽進行諮商。

「我是老師的粉絲。我聽過你所有課程，也試著對孩子們用過規則管教法，但他們就是不聽話，讓我真不知道該怎麼辦才好。」

整理鞋子、冰箱、廚房生活、收拾玩具、整理房間等，親子間在這些孩子們必須遵守的規則方面不斷地發生衝突。有三個像小老虎一樣的兒子，家裡真的不管怎麼收都收不完呢。

「他們現在都不聽我的話了。」

「那爸爸和他們的溝通良好嗎？」

她說孩子們和爸爸對話非常順利，甚至很多時候還會覺得自己就像被排擠一樣，感到有些委屈。雖然我表面上是笑著，但可以猜出那有多麼失落，為此感到有些遺憾。我認為讓三個孩子健康成長固然重要，但這位媽媽認為身為家中的一員，得到尊重更加重要。因此我問她：「媽媽，請問妳有完美主義的傾向嗎？」

「你是說完美主義者嗎？」

「對，一般兄弟問題都是來自於爭吵、缺乏關愛、競爭、愛恨情仇等等。但我聽了妳的煩惱之後，發現這些問題和整理鞋子、不放水等問題比起來，傾向好像比較沒那麼強烈。」

三寶媽回答我：「我似乎有點那種傾向。因為兒子玩具收得無法讓我滿意，所以又全部倒出來叫他們重新收拾。孩子們的手還不夠精實……」

我覺得自己馬上就找到這位媽媽的失落感是從何而來。問題來自於養育者的高標準。

當養育者的標準接近完美時，不管孩子做什麼，都會成為不夠好的人。可以將標準訂在「玩玩具到去補習的時候準時出門」就好了。但如果要將玩具收拾乾淨並準時出門補習，那麼孩子很容易就成為做得不夠完美的人。在管教中非常重要的其中一項領域，就是給予孩子可以立即遵守的規則。

三寶媽又問了我這個問題。

「如果我的標準稍微訂高一點，他們就會試著努力達成。這樣下來應該可以讓他們成為更好的人吧？」

「我希望妳能將焦點放在孩子正在重複經歷的是小小的失敗還是成功。如果一直讓他們處於這種狀態置之不管，為了守住自己的自尊，孩子們就會開始忽視媽媽的要求。因為如果想要滿足媽媽的要求，自己就會變成太過無能的人。

也有利用養育者本身完美主義者的氣質，得到不錯成效的情況——管理孩子的成就。

首先，先檢視一下孩子在日程生活中多常體驗到小小的成功或失敗。接著再確認一下，由媽媽指派的事項中有多少是以失敗告終，又有多少是成功達成。失敗的經歷或許會比較多。這時孩子雖然整天都在努力，結果卻難以從被指責的情緒中跳脫，所以之後就會開始產生不想做的心情。

男孩子們特別單純。他們都想要在心裡感受到自己是個多麼厲害的人。他們渴望能夠得到認同和支持。只要每當孩子完成一件事情就對他比個讚，就能讓親子間的關係立刻恢復。

給成長中家庭的一句話

養育者對於孩子的生活習慣感到不滿意時，請這麼問一下自己：「和孩子今天的努力相比，我的反應會不會過於吝嗇？」

我想要知道讓兒子的自尊起死回生的祕訣

想要讓兒子的自尊起死回生，首要任務就必須是減少破壞自尊的情境。只以過高的標準來指責孩子的不足之處、一開始就賦予難以達成的任務、為了教導孩子而先挫他的銳氣時，都會讓孩子感到自尊受創。

諷刺的是，傷害孩子自尊的罪魁禍首，往往都是疼愛孩子的人。想要給孩子最好的，卻感到有些力不從心的瞬間，就會因為太愛孩子，開始做出傷害孩子自尊的事情。

接著，重要的就是協助孩子，讓他們反覆經歷小小的成功。在JARADA裡最快讓孩子恢復自尊的方法，就是幫助他們實現自己想做的事情。如果孩子想做一台汽車，就陪著他們一起制訂計劃；如果孩子想要裁切木頭，就協助他們，讓他們得以實行。

尤其是使用危險工具來切木頭的這些任務，可以成為幫助孩子覺得自己是個特別的人的特效藥。

即使是微不足道的小小成功，也請認為它們很珍貴。並盡自己最大的力量來協助孩子體驗這些成功。如此一來，孩子就能擁有「可以完成任何事情」的從容心靈，最後靠著自己的力量創造出生活的奇蹟。

給成長中家庭的一句話

為了讓孩子的自尊起死回生，請這麼告訴他：「只要盡你所能就好。不用使出全力也沒關係。」

孩子想要引人注目

八歲旼俊的個子比朋友高大，但他在學校的外號被叫做愛哭鬼。因為有好幾次在放學的時候，旼俊一看見站在校門口等他的媽媽就放聲大哭。

「唉唷……哭什麼呢？」

旼俊媽媽這麼說明：「我告訴他如果有什麼不開心的事情就告訴我。好像是他在外面和朋友玩的時候常常會被撞。好像是他想要嘗試做些什麼，卻不太順利的樣子。所以只要一見到我，就會哭哭啼啼地訴說和朋友之間發生的委屈。我曾經考慮過是不是要送他去上美術課或跆拳道之類的……但還沒想出解決方法。」

我聽了旼俊的故事後，告訴她這個問題沒辦法靠體育活動或美術來解決。旼俊的問題核心在於孩子想要嘗試對朋友做什麼，卻因為還不夠熟悉而無法溝通，才會產生這種鬱悶的心情。

在男孩子的心裡大多都會有想要帶給別人影響力的想法。一開始會以積極的方式展開嘗試。但如果進行得不順利，那麼即使是不夠熟悉，也會為了想要得到朋友的反應而做出錯誤的嘗試。如此一來，孩子們就會避開旼俊，溝通也會跟著中斷。

應該要告訴旼俊「即使你不用做新的嘗試或努力，也能充分帶給其他人好的影響」。孩子因為內心有某種空洞而做出的舉動，就是他為了要影響某人做出的努力。

「我是個不錯的人！我是個好人！」為了不讓這樣心情變調成委屈或鬱悶，我們必須待在一旁好好照顧孩子的內心。

「我平常就很常告訴他『你是個不錯的人，媽媽真的很愛你』，然後給他滿滿的愛。」

聽到旼俊媽媽對於家庭環境做出的說明時，我說了這些話：「旼俊問題的核心並不在於媽媽替孩子做了什麼，而是要讓孩子為媽媽做些什麼。並不是媽媽對孩子施加影響力，而是要給予孩子一個『成為媽媽重要人物』的經驗。」

對於像旼俊這種想要帶給朋友們影響力的孩子來說，這個方法將會帶來一些幫助。請暫時將家中的重要事項交給孩子去做。

我經常請和旼俊習性相似的孩子們幫忙鋸東西。因為鋸東西並不容易，而且周遭的同齡朋友們也很難擁有這種經驗。

「就算很累也要加把勁。想著『看是你贏還是我贏』，繼續堅持下去，最後總是會鋸斷的。這種時候，可以告訴孩子『你做了其他朋友沒做過的事情呢！』這句話將會鼓舞孩子的精神。」

給成長中家庭的一句話

請告訴想要成為好人的孩子：「你能幫我一下這個嗎？」

一定要有一件擅長的事情嗎？

七歲的旼俊發展得比同齡慢。他說話比較慢，行動也稍微遲緩了一些。自從男孩們開始不讓他加入遊戲後，旼俊就意識到自己和朋友們有些不同。來自於雙薪家庭的旼俊父母對於孩子在幼兒園裡常會意志消沉而感到心痛。

「如果孩子喜歡的事物可以反覆出現就好了。旼俊喜歡什麼？」

「他在不久前開始迷上管弦樂團。」

我為可以找到旼俊喜歡的東西而感到幸運，但旼俊媽媽似乎還有其他煩惱。他說旼俊常會用嘴巴發出奇怪的聲音。

「他總是用嘴巴發出奇怪的聲音，還會看著蹺蹺板說『那是低音大提琴』，所以其他媽媽都會避開旼俊。旼俊整個人好像都沉浸在管絃樂團中，變得更難和朋友相處了。」

旼俊媽媽補充說明，告訴我旼俊雖然還需要穿尿布，但在管弦樂團這個方面，他的反應要比同齡朋友來得敏感和細膩。

「旼俊的爸爸有說什麼嗎？」

「我先生說孩子還沒有長大，所以要我尊重他。」

旼俊媽媽正在考慮是否要去兒童心智科接受諮商。我小心翼翼地開口：

「兒童心智科不是我的領域，我只能站在教育者的立場上給妳意見。如果孩子整體的發展比較遲緩，也找不到喜歡的東西，那我會建議妳先幫助他找到自己的領域。但他不已經先找到自己的領域了嗎？我認為他已經正在盡自己最大的努力了。比較遲緩的孩子不會不知道自己比較遲緩。和朋友相比、和弟妹相比……每當他們聽到這種說自己遲緩的評價，自尊就會變低，只是沒有表現出來而已。」

聽到這些話，旼俊媽媽表示他有時候會拿弟弟和自己比較。

說不定旼俊是為了保護自己的自尊，才會選擇管弦樂團，告訴大家：「我比任何人都了解管弦樂團，還很會模仿聲音呢！」

隨著故事繼續發展下去，旼俊媽媽又出現了第三個煩惱。

「我覺得旼俊似乎至少要有一件事情比朋友出色，因為他的發展已經比同齡還要緩慢了。不知道是不是因為這樣，他也不像其他孩子一樣有死黨。」

我問了這樣的問題：

「妳認為旼俊一定要有死黨嗎？」

「當然，不是應該這樣嗎？」

由於我和旼俊媽媽的想法不同，所以我決定告訴她旼俊現在需要的是什麼。

如果在孩子找不到自信的情況之下，只想要他建立朋友關係，對周遭環境的依賴度就會提高。無法和朋友平起平坐的玩，而是會看人臉色，變得意志消沉。

我們可以說這是錯誤的關係。在這種情況之下，讓孩子充分感受到「我是個不錯的人」反而更加重要。

從機率上來看，女孩子成群結隊活動的習性比男孩子更強。因此，身為女性的媽媽們只憑自己的經驗來看時，可能會覺得孩子最需要的就是死黨。

但男孩們即使沒有好朋友，通常也能活得很好。如果你問他們「你和誰最要好？」，可能會很常聽到他們回答「我和大家都很好啊」。

和好朋友相比，他們更加專注於思考自己究竟有多帥氣。他們傾向專注於強不強壯、跑得快不快等這些問題。旼俊媽媽頗有同感地說：

「真的耶。其實我們家旼俊對朋友沒什麼興趣。」

因此旼俊剩下的問題就是媽媽的觀感。只要養育者對於周遭評價不那麼敏感，孩子馬上就能找到自信。

而這也不會替其他孩子帶來傷害，所以我們最好能再多花一點心思在孩子身上。我最後對旼俊媽媽說了這些話。

「孩子未來可以對音樂懷抱夢想，即使沒那麼做也沒關係。只是我認為他們找到自己的領域，為了不讓自己的自尊低落而緊緊攀住的這一點真的非常帥氣又了不起。如果孩子可以對自己有更多正面評價，未來在與朋友們建立關係時，將會成為相當大的力量。」

給成長中家庭的一句話

如果認為孩子必須至少要有一件事情表現出色而感到壓力時，請這麼告訴自己：「需要有一項才能，才可以交到更多朋友、變得更受歡迎。這真的是為了孩子好嗎？」

第八章

社會

——比起指導，更需要有一個人來了解他們的想法

十歲的兒子常常被老師罵。當我問他「今天在學校好玩嗎？」時，他就會說「我今天被罵了！」然後笑了。因為太常發生這種事情，搞得我既是擔心又覺得傷心。

孩子說完「媽媽，我被罵了！」之後很開心嗎？

對啊，他都是笑著說出這些話。

那妳曾煩惱過孩子為何會如此自豪地告訴妳自己被罵嗎？

沒有。他有可能會覺得那樣很自豪嗎？

孩子們會出自本能地思考在教室提高自己地位的辦法，但男孩和女孩的方式並不一樣。有多麼不順從老師、做出的行為多麼魯莽、是如何被老師罵等這些事情，在男孩子的眼裡看來可能會覺得很帥，也可能成為受歡迎的一種尺標。從心理學的研究來看，很常發現幼年期到青春期的男孩即使在獨處時不會做出危險行為，只要有人在旁邊觀看，就會做出魯莽的舉動。所以這也可以解釋「為何在學校做出魯莽舉動或受傷的孩子都是男孩？」這個問題了。

兒子好像特別無法適應學校生活

國小入學對所有孩子來說都是一件大事。在離開了幼兒園，帶著進入新社會的歸屬感，準備迎向未來的第一天，會替孩子們帶來相當大的悸動。而且這份悸動也會成為同等大小的壓力。

孩子們現在應該要適應學校規則和社會秩序。控制欲望並學習隸屬於團體中的規則，這個過程對人類來說非常重要。比起獨自生活，無論是以什麼形式進入一個團體中生活時，歸屬感、安全感和幸福感都會達到高點，進而提高生活滿意度。所以不用大人逼迫，孩子就會出自本能地努力想要遵守那些規則。

因此，當孩子的習性與學校不合時，就會造成極大的痛苦。我在教育現場和孩子們相處時，發現尤其是男孩子在學期初發生抽動現象（Tics）的比例會增加。

從醫學上來看，光是在生物學上的男女發展差異，就能看出男孩在小肌肉發展、語文智能、閱讀能力和社交性等方面都和女孩有所落差。或許他們的這些能力發展得比女孩緩慢一些。當我們認知到這一點，再回過頭來看一看學校，就會發現學校也可能會成為降低男孩子自尊的空間。

抽動在初期看起來就像是單純需要改掉的怪習慣。但如果以「你不要再眨眼睛了！」這樣訓斥或指責孩子，情況就會變得更加嚴重。父母就會開始產生「原來這就是傳說中的抽動，是不是我做錯了什麼事情？」等各種想法。

為了因應這種狀況，希望各位能夠了解從統計來看，男孩子特別常在學期初出現抽動症狀，即使養育者沒有做錯一些什麼，也會發生這種狀況。

突然需要消化的規則和學習內容太多造成的壓迫感，很可能會短暫引發抽動障礙。也有原本就已經帶有抽動障礙的因素，在一下子接收到好幾種壓力的情況之下而顯現出來的情況。

如果孩子難以適應學校，開始做出以前不曾做過的行動，在管教孩子之前，請先回顧一下他在幼兒園的生活如何。對於那些適應不良的孩子來說，比起管教，更需要的是溫暖的心；比起指責，更需要的是支持的目光。

最近精神科也有以兒童為對象實施的心理檢查，可以從中得到幫助。請不要試著在家中靠父母的力量解決所有問題，這時需要的是向專家尋求協助的勇氣。

給成長中家庭的一句話

如果剛開始小學生活的孩子突然出現奇怪的行動或是難以適應時，請父母這麼告訴自己：「抽動並不是指責就能改變的領域，讓我們去找一下專家諮詢吧。」

孩子一直被老師指責，讓我開始考慮是否要送另類學校

國小二年級的旼俊在學校和家裡被評價為「不會看人臉色又散漫的孩子」。旼俊的媽媽看見他在學校常被老師指責的模樣，感到有些鬱悶。

「我家的孩子沒有ＡＤＨＤ。他確實是很散漫沒錯。我想他會不會是因為很常搗蛋，讓老師覺得不乖，才會常常指責他的。會不會乾脆以轉學的方式來創造新的環境，或是尋找可以接受他的散漫的另類學校比較好呢？」

光是孩子屢次受到指責，就讓旼俊的媽媽受到很大壓力。我可以看出她正在煩惱著「送去孩子不會受到指責的環境不知道會不會變好」。有很多另類學校的教育

課程都非常完整，因此如果得到「和公共教育相比，讓孩子在更加自律和更有創意的氛圍中了解自己比較重要」的結論，那麼送去另類學校就讀也是一種辦法。

因為孩子目前的處境很煎熬，所以試著轉換環境不是一件壞事。但也不能每次孩子一處於困境時，就選擇轉換環境。

重要的終究不是父母的想法，而是孩子的心聲。比起送不送另類學校，確認父母和孩子是否站在同一陣線上還比較重要。

和轉學或選校相比，有個環境需要我們將它打造得更加重要，那就是「家」。當孩子在心理上感覺飽受壓迫和煎熬時，會需要一個可以傾吐自己心聲的地方和這樣的對象。

在和旼俊媽媽談話時，我能感覺出孩子讓她覺得很悶。我想對孩子來說，或許真正難熬的地方不是學校，而是自己的家吧。

如果和家人過得幸福，那麼在外面即使再怎麼辛苦，也能在一定程度上承受下來。最糟糕的是將外面產生的問題帶進家裡，讓家裡也變成孩子的地獄。

人必須經歷困境才能成長，不論男女老幼都是如此。但想要戰勝困境，有個先決條件——需要一個可以坦承自己的心聲並給予共鳴的人。只要有一個可以完全相信並傾訴一切的人在，我們就有辦法在任何危機或苦難中堅持下去。

我問旼俊的媽媽：「妳現在和孩子之間的關係如何？」

旼俊媽媽說「其實關係並不怎麼好」並告訴我這段時間發生的事情。

她會直接收到學校的聯絡，也會透過聯絡簿了解孩子發生的事情，因此感到必須在家庭裡教育孩子的壓力，自尊心也受到傷害。所以比起聆聽孩子的心聲，只會說出「不要那樣」、「不行」的話，導致現在彼此之間的關係好像變得很糟。

我覺得需要有人替孩子說話，所以說了這些話：

「媽媽，旼俊已經正在學校進行著一場艱難的戰鬥。如果現在就連家庭裡也沒有人可以理解他的心聲，那他應該會覺得自己腹背受敵，再也沒有一個地方可以讓他依靠。雖然目前掩藏在學校問題之下，但我認為妳和旼俊之間的關係不良，說不定才是本質上的問題。」

旼俊與家人之間的關係需要改善。

孩子在成長的過程中會一直經歷困難。這時，為了避免讓孩子處於煎熬的情況中，養育者必須要管制環境並照顧孩子的心理健康。我們必須讓孩子知道，在他身邊還有可以支持他、替他加油打氣、偶爾給予指引的大人存在。

給成長中家庭的一句話

聽到孩子在學校受到指責時，請這麼告訴他：「媽媽只要看到旼俊心情就很好。有旼俊在，就能讓我很開心。我也想要了解旼俊的生活。在學校最讓你辛苦的是什麼？」

孩子的社交性好像有點不足

旼俊在升上國中之後，學校生活過得非常吃力。這是在第一學期快要結束時，旼俊媽媽和老師面談時才得知的事實。

班導師說旼俊的社交性相較於其他的孩子似乎有些不足。聽說他在溝通時無法說出完整的對話，偶爾還會因為無法同理其他人的情感而造成紛爭。旼俊媽媽在聽完這些話之後，稍微受到了一些打擊。

「我們家旼俊在小時候沒有ＡＤＨＤ或發育遲緩的問題，但我不知道為何他在溝通和同理上會遇到這些困難。他在這學期之間，一直因為這個問題被老師指責，和其他同學的關係也變得很尷尬，所以他很怕自己在下學期會受到排擠。其實他在上國中之後和我的關係也變得疏遠。我還以為只是因為到了青春期才會這樣。」

「旼俊有什麼興趣或特別喜歡的活動嗎？」

「沒有，他好像沒什麼特別喜歡的東西。」

我和旼俊媽媽進行了更多可以推測出孩子狀態的對話。

孩子在進入青春期後，在同齡群體或教育環境中遇到困難時，找出一個讓孩子能夠舒坦心情的其他環境也是個重要的方法。雖然社交性稍微有點不足，但其他能力卻非常出眾的情況其實很常見。所以這種時候我們應該要再次審視一下，孩子是否有辦法強烈投入在自己喜歡的東西身上。尤其以男孩子的情況來說更是如此。

這種人只要撐過一定的時期，就能找出自己的要領。很可能在上高中之後就有辦法和同齡朋友或群體順利相處，過著良好的團體生活。

但如果誤判了孩子的情勢，要他硬撐下去，孩子的自尊就會下降，同時還會出現各種不好的徵兆。

例如，患有ADHD的孩子正是如此。輕微的ADHD在周遭人眼中看來，就只是有點雜亂無章的程度，但在他們會在長大的過程中經歷焦慮症。雖然雜亂無章是天生的氣質，但焦慮症則是來自周遭的指責與嚴厲的視線，因此很多情況會同時伴隨著憂鬱症出現。

因此，如果班導師認為孩子和同齡層的溝通出現問題，看起來又特別忙亂時，父母就有必要帶孩子去接受檢查。如果檢查結果沒有令人擔心的問題，就必須幫助和引導孩子，讓他能夠在這個環境中撐下去。

這裡所指的「適合撐下去的環境」，就是提高孩子得到支持的比率。假設孩子只存在於學校和家庭兩個社會中，那麼即使家庭幸福，學校很難熬時，對孩子來說，讓自己難熬的空間和支持我的空間也會互相抵消。

但如果孩子在上美術課時能盡情發揮自己的技能，受到朋友們擁護的話，就能同時從家裡和美術課得到支持的能量，也能因此順利的撐過學校生活。

如果這種正面環境增加，學校生活的艱苦在孩子的人生中也就不會變得那麼重要。我認為不願意接受孩子的環境固然不好，但全然接受孩子的環境也很危險。

順利撐過學校生活的方法核心在於增加可以讓孩子得到充分受到認同的空間和人群。

現在請各位協助孩子開發自己擅長的、有興趣的東西。父母要用智慧和眼光發現孩子的可能性。即便只是瑣碎的事情，也得讓孩子用自己的力量來提高自尊。所有人都應該記住這點——這些努力將會在孩子的人生中成為重要的基礎。

給成長中家庭的一句話

如果學校成為降低孩子自尊的空間，在放棄學校之前，請先考慮增加可以提升自尊的其他空間吧。「有哪個空間可以讓我家孩子盡情地得到認同，並重新找回他的自尊呢？」

兒子每次上課都會問一些莫名其妙的問題

兒子和女兒的差別在於行動的根本欲望不同。對女孩來說，重要的是與他人的連結感；而對男孩子而言，重要的是冒險精神和能力。

國小三年級的旼俊好奇心非常旺盛，常會問一些莫名其妙的問題。

「老師，雨會落下來，那為什麼雲卻不會沉下來？」

「老師，為什麼褲子都是深色的啊？」

「為什麼我媽媽煮的飯會那麼難吃？」

旼俊在課堂上突然提出的這些問題，雖然會讓孩子們笑成一片，但通常都會讓班導師為難。

「我該教訓一下旼俊嗎？」

旼俊媽媽問我是否該狠狠教訓他一頓，我向她問了這些問題。

「孩子在班上是那種很受歡迎、很有幽默感的人嗎？」

旼俊媽媽這麼回答。

「他和朋友在相處上沒什麼太大的爭執。雖然不知道他有沒有幽默感，但他似乎還蠻勇於嘗試的。」

「旼俊發問的目的可能不是出於真的好奇，而是想要逗大家笑。如果他真的帶有這種意圖，那罵他罵得再兇也不會有用。」

我覺得這是旼俊煩惱著自己在班上的認同感後，最後塑造出「搞笑的孩子」這個角色。他似乎還蠻努力地過著社會生活。

旼俊媽媽再次問我是要她別罵旼俊嗎？我這麼告訴她。

「如果孩子的問題妨礙了課堂進行或對某人無理，這些行動一點都不帥氣也不好笑，所以會需要說他幾句，給他一些刺激。可以告訴他即使不用見縫插針，也能用很多方式來證明自己是個不錯的人。這樣做的效果可能會更好。」

我解釋了旼俊這個年齡層的孩子即使用了不成熟的方式，也想要證明自己能耐的心態。

「在被老師狠狠教訓之前，我先罵他一頓不是比較好嗎？」

旼俊媽媽再度發問。

我告訴旼俊媽媽，如果孩子沒有在教室攻擊某人或傷害某人，最好能將他的學校生活交給導師處理。當導師還沒做出任何決定之前，家長急著先出面處理，孩子就感受不到教育的統一性，會產生混亂。

因此即使擔心，還是退一步比較好。對國小二年級的人來說，還是有提出這些無厘頭問題的權力。

在學校如果遇到妨礙上課的孩子，大人們會認為那個孩子應該有心理上的問題。但實際上很多情況都沒什麼問題，他們只是單純想要得到自己所屬集團或同齡朋友的認可而做出那些行動而已。

為了好好理解孩子行動的原因，雖然是要努力正確理解孩子擁有的氣質，但了解孩子在所屬社會中的屬性也非常重要。

對兒子來說，歸屬在男性友人群體中並受到他們認同，是這世上最重要的課題。因為在兒子的群體中，有著會對那些搞笑或勇於嗆老師的孩子給予認同的氛圍。在此要叮嚀一下各位，請先充分考慮這些部分後，再去回顧孩子的行為。

在管教孩子之前，父母要積極地與孩子所處群體的老師進行對話。請有智慧地詢問一下孩子在父母眼中的習性和優缺點與他在學校時出現多少差距、孩子在所屬群體中過著什麼樣的生活、受到什麼樣的評價等。

給成長中家庭的一句話

當孩子在學校做出莫名其妙的舉動時，請這麼詢問老師：「我家孩子常讓你很為難吧？我很好奇班上的同學是怎麼看待我家孩子的。」

孩子為了引起注意，常常誇張地爆笑

三歲半的旼俊最近常被媽媽制止別一直笑。

「你不能這樣笑。」

「現在不是該笑的時候。」

因為旼俊就讀的幼兒園班導師在不久前打到家裡給她。班導師聽說旼俊最近屢屢出現為了一點小事而誇張大笑，或是明明就沒什麼好笑的卻硬笑的行為。聽說他時不時就會跟在老師後面笑，讓老師無法專心在其他小朋友身上。旼俊媽媽聽到這些之後，想法開始複雜了起來。

「老師，我是不是太寵旼俊了？旼俊很調皮吧？我在家庭教育上其實已經花了不少心思，這還真叫人難為情啊。」

男女在生物學上的差異之一就是調節能力，男性的能力較女性不足。這是由於男孩在專門負責控制情緒的前額葉方面發育得比女孩晚，因此不管在家裡的管教多麼嚴格，三歲半的旼俊或許還是無法改掉突然爆笑的習慣。

大人可能會認為旼俊這種爆笑的習慣有什麼問題，但其實只要過一段時間之後，問題就能得到解決。這些因為孩子控制調節能力不足造成的小問題暫時不會消失，說不定還會以更多不同的面貌來震驚大人。這其實比較趨近於氣質的部分。

讓孩子的氣質逐漸與這世界互相吻合的過程就是管教。我們無法透過管教一口氣改掉孩子的氣質，但我們必須要不斷灌輸孩子應該要遵守規則的想法來接近他們的行為。而且最好能常與老師分享這段期間正在進行的管教內容。

在聽到孩子令人措手不及的消息時，必須注意這點——先拋下幼兒園班導是家庭教育評判者的這種觀感。

老師不是評判家庭教育的人，而是與家長分享會理所當然發生在三歲半、發展尚未成熟的孩子身上欠缺部分消息的人。

有時候可以和老師商量一下，互相配合彼此的管教方式。唯有像這樣以「一起教育孩子的夥伴」的觀點和幼兒園老師進行溝通，才能讓心情變得舒坦。

如果管教方式不同調，孩子就會感到混亂。在這個問題上最糟糕的狀況，就是父母與老師看待孩子的觀點存在著極大差距。

父母與老師互不信任而產生的意見差異將會導致負面結果，而這個結果會完全展現在孩子身上。

比起努力制訂完善的管教規則或完全統一意見，反倒是一起努力遵守稍嫌不足的規則還比較重要。

當老師在談論有關孩子的習性與行為時，請將它視為我們的育兒夥伴正在向我們分享情報。因為小孩子並不完美，所以才需要去上幼兒園和上學。老師和父母只要將彼此當作夥伴一起分享情報，像一個團隊一樣帶領孩子認識這個世界就行了。

當老師提起孩子的問題時，不要將它完全當成是媽媽的問題；在讚美孩子時，也不要將它完全當作是媽媽的功勞。這些都需要練習。

我們要了解孩子的特殊性，並與老師結成一個團隊。希望各位能將這兩點銘記在心。

給成長中家庭的一句話

當從老師那裡聽說一些關於孩子的問題時，請這麼告訴自己：「老師和我們是同一個團隊，我們要一起教育孩子規則。孩子在這個階段表現的不成熟是理所當然的。」

孩子會反抗老師

十二歲的旼俊在不久前反抗了游泳老師。因為他在這十二年以來，從未向大人頂嘴或表現出厭惡，所以旼俊媽媽在聽到這個消息時非常驚訝。

「老師原本在講解安全規則，但他好像一直在想別的事情。所以老師說了『旼俊今天好像一直心不在焉，我要聯絡一下家長喔』，他就突然回嘴說了『你去啊』來做出反抗。我先向老師道過歉，又帶著孩子一起再道一次歉。但我真不知道孩子為何會突然這麼做。」

旼俊平時不怎麼和性格粗魯的男孩子玩在一起，對於具有攻擊性的習性本身就特別有排斥感，甚至連跆拳道都不想學。

這樣的旼俊除了心不在焉，還反抗到老師必須打電話聯絡家長的程度，那麼孩子身上確實產生了某種氣息。

在我教過的孩子當中也有一位較為內向的孩子。即使大家一起玩水，他也會等其他人全部先洗好澡。他小心翼翼地告訴我，他不喜歡讓其他人看到自己的身體，這讓他很有壓力。我一直覺得旼俊和那個孩子很像，沒想到在意外的地方聽見旼俊反抗的消息，這讓我很是擔心。

「旼俊的環境有出現變動嗎？」

我想了各種可能性後，這麼問他的媽媽。

「啊，我幫他換了游泳班。他這兩年來一直和同一群朋友一起學習，但老師說他要調班，所以我們就跟著老師一起換班了。」

旼俊媽媽的話讓我得到一些啟發，便告訴她：「以前我曾教過一位個性和旼俊非常相似的孩子，他在不久前剛上了大學。我聽說他當上了社團的社長，甚至還參加過示威遊行呢。我和他見過面之後，發現他的氣質變得完全不同了。不只我嚇了一跳，就連其他長期關照他的老師也為之震驚。那是任何人都無法預測的變化。其實在那個孩子的心中也有一個想要改變的、想要成為的模樣。不是有人說進入一個沒有人認識自己的新團體當中，就是改變自己最好的時機嗎？我想旼俊的情形應該差不多就是這樣。」

男孩子和女孩不同，比起服從權威者，更想透過展現出挑戰對方的樣子來提升自己在朋友之間的地位。即使是平時一次都不曾展現出偏激或攻擊性的孩子，也不可能完全沒有想要得到同齡層朋友認可的欲望。

在沉默的兒子內心裡，也常潛在著想要變強的欲望和贏過某人的好勝心。它因為各種原因被壓抑了一陣子後再被發現時，也會以相當不成熟和尷尬的面貌出現。以長遠來看，這或許是在孩子人生中必須挑戰的瞬間吧。

「這說不定是旼俊謹慎小心的嘗試喔，請妳稍微再關注下去吧。如果沒有太大問題，默默支持他或許是更好的做法。」

我小心翼翼地告訴旼俊媽媽，請她稍微再關注一下。

對於內向又細膩的兒子們來說，有個必須找出自己能在男孩社會中生存下去的課題。孩子正在努力縮小在自己憧憬的模樣和實際模樣之間的差距。

給成長中家庭的一句話

如果乖巧的孩子突然呈現出反抗的樣子，請父母這麼告訴自己：「我們家的孩子說不定正在自己試著成長呢。」

其他人說我家孩子的壞話

八歲旼俊的媽媽有這樣的苦惱。

「其他媽媽只會趁我不在場時私下討論孩子的攻擊行為。可是我們家的孩子絕對不會說謊。他說他在外面沒有打過任何人。我想要相信自己的孩子。到底該怎麼做才好呢？」

孩子在家裡和外面表現出的樣子截然不同。我們也該考慮孩子可能具有說出「我沒有打某人或展現出攻擊習性」這種謊言的可能性。對孩子的錯誤幻想之一，就是相信孩子非常天真無邪，所以不可能說謊。我們的孩子也可能會做出具有攻擊性的行為，但這只要予以糾正就好。我們時時刻刻都必須努力，擺脫「我的孩子一定很善良」的錯覺。但這不代表我要你們不相信孩子。

大人在父母不在身邊的場合指責孩子顯然是不對的行為。但如果以孩子不會說謊的前提來面對這個世界，父母之後很可能就會遇上重大事件。我們經常看到孩子進入青春期或與朋友產生糾紛時，高呼「我家的孩子才不是那種人」，卻打臉自己的父母。

其實還有其他原因令這個案例主角的媽媽陷入苦惱——其他人會評判自己的子女。不管是否屬實，但當我們在評論他人子女或給予意見時都要格外地小心。希望各位父母都能時刻記得，每個人都是竭盡全力地帶領自己的孩子。

給成長中家庭的一句話

聽到孩子在外面說謊的消息時，請這麼告訴自己：「雖然他在家裡沒有這種行為，但出去也可能會這麼做。之後再找個時間和孩子聊聊吧。」

孩子開始說謊

六歲的旼俊在家裡和幼兒園都會說謊，因此經常挨罵。

「我真擔心他再這樣下去，哪天就會毫不猶豫地撒下瞞天大謊。該怎麼教育他才好呢？」

父母期待孩子說謊的習慣能在嚴厲的管教之下得到即刻的修正，但我在進行對於「上幼兒園的孩子開始說謊」的諮商時，一定會說這句話：「沒有不說謊的六歲小孩。孩子那樣很正常。」

說謊是理所當然的行為嗎？我們可以若無其事地接受這件事嗎？這些苦惱可能會變得更加深沉。但我們今天說不定也撒了一些小謊喔，例如：

「妳好像變漂亮了耶！」

「真是太棒了，恭喜你。」

即使如此，一個只有六歲大的小孩竟然會說謊，這件事真的很難叫人寬懷大量地接受——尤其是那些將「要健康正直地長大」視為第一的家庭更是如此。

如果形成不允許說謊的氛圍，孩子比起不說謊，反而有更高的機率會朝說謊和要賴的方向成長。這才是最糟的情況。因此我想建議各位，比起直接戳破孩子的謊言並予以嚴懲，請在孩子坦承自己說謊時給予稱讚。

要孩子「不說謊」，幾乎是不可能的任務。

正直的孩子並不是完全沒撒過謊的孩子，而是即使說了謊，也能馬上坦白承認的那種孩子。承認自己的錯誤需要很大勇氣。教育者和父母要記住這一點，引導孩子帶著健康的心態成長。

在和孩子相處時可以發現，即使課程再怎麼有趣，他們還是會和隔壁同學一邊打鬧一邊說著「真的很無聊耶！我討厭美術！」。即使一整天都因為畫得不好而狂發牢騷，最後只要一旦發生了什麼好事，反應就會變成「今天真是太有趣了！」

所以我常向JARADA的老師們強調的事情之一，就是即使孩子說了「老師，我喜歡創作」，也只要寫下「孩子說喜歡創作」的紀錄就好，不要做出任何評判。因為如果完全相信孩子說的話，對孩子和情況反覆做出評判，最後經常會演變成大人的問題。

舉例來說就是這樣。如果只聽孩子從幼兒園回來說的話來推測事件，那麼只要看見孩子身上出現許多小瘀青，就會出現各種想法。這個問題來自於認為孩子天真無邪，所以不會說謊的錯誤幻想。

我們可以充分聆聽孩子說的話，但也需要擁有「正因為是孩子，所以很可能會將事件重新排列成對自己立場有利或方便記住的組合」這項認知及聆聽的智慧。

給成長中家庭的一句話

如果是第一次遇到孩子說謊，請這麼告訴自己：「沒有孩子不說謊，我們必須要變得更有智慧才行。」

孩子身上的缺點和他人的視線讓我感到痛苦

在為了得到育兒方面的幫助來到演講場的人中，有的是帶著懇切的腳步走來。我和ＡＤＨＤ患童旼俊的媽媽也是在演講場合中第一次相見。她用沉靜的嗓音向我問了孩子交友關係的相關問題，我也誠懇地回答了她的問題，卻感覺有些搭不上來，真正的問題好像另有其在。

演講的過程中，只見旼俊媽媽的神情一直無法開朗。講座結束後，她又再次來到我的身邊，告訴我一些難以公開的話。我想自己或許能帶來一點幫助，便建議她帶著孩子一起來找我。

在旼俊媽媽交給我的各家醫院對孩子做出的評價報告上，她以描述孩子不足之處的句子為中心，畫了很深的底線和圈圈。上面寫著不是自閉症，也寫了很多智商很高的好話，但她的底線和圈圈卻巧妙地避開了那些給予正面評價的部分。旼俊的媽媽看起來非常乏味又筋疲力盡。

孩子比想像中來得開朗。他非常喜歡數字，一拿到我給的紙，就立刻在上面畫了一間十一層樓的大樓，在每一層樓都寫上戶號，並開始塗上不同的顏色。他和一般同齡的男孩相比，專注力較不容易消失，也沒有疲憊的神態，臉上自然地露出了幸福的神情。由於我很好奇他是否也對其他與數字相關的主題感到興趣，便引導他畫了公車。結果和公車的造型相比，他反而更在意公車上的號碼。旼俊是個對數字著迷的孩子，感覺這世上的所有一切他似乎都能以數字或文字表達呈現。但對於沒有興趣的那些事情，他的態度也表現得非常明確。

我擔心自己會站在大人的立場上，強迫小孩去接受自己不感興趣的事情，所以非常地小心。例如，如果提出與孩子不同的意見，他們就會無法從容的接受。當我看到他將自己畫的作品捲起來，想用膠帶貼起來時，我就叫他不要這麼做，請他放到箱子裡。講了幾次之後，他就說著要去接弟弟，準備走出門外。我覺得他的自我決定權似乎經常被人剝奪，因此只要一看到有這個跡象，就會開始擔心起自己的自我決定權是不是又要被剝奪了。

我請媽媽來到諮商室，觀察了一下她的神色。她雖然面無表情，臉上卻帶著一絲緊張。她告訴我孩子被診斷為ＡＤＨＤ的經過，以及藥物有多少效用。當她提到吃自閉藥物反而有效時，感覺好像馬上就要從她乾燥的喉嚨迸出眼淚似的。那股憂鬱感隨著空氣傳到了我的身上。

雖然我苦惱了一會兒，不知道該怎麼跟她開口才好。但我先強調自己並非兒童心智科的醫生，提出的只是身為教育者的見解，接著開始慢慢向她解釋孩子在我眼裡的模樣。

「孩子和妳事先提供給我的情報有很多不同之處。他是個有自己明確喜歡的領域並善於表達的孩子。雖然有時候講話會有些結巴，但在描述自己喜歡的事物上非常明確。在同理能力方面雖然有些欠缺，但似乎也不至於會導致溝通困難。他對陌生人警戒還有固執的樣子，和其他七歲同齡的孩子差不多。」

旼俊的媽媽專心聽著我說的每一句話。我以平靜而明確的語調，真心誠意地向她傳達關於孩子的一切。

孩子哪怕是一分一秒，也會竭盡全力地想要投入自己喜歡並擅長的事物當中，但媽媽反而呈現出更加辛苦的神情。如果媽媽感到焦慮，孩子就會很難依靠她或向她傾訴。明明很想聊一聊自己遇到的問題，但如果媽媽擺出一副更傷心的樣子，孩子就會漸漸閉上嘴巴。

我向她解釋，孩子的氣質和紋理是天生的，不是父母或其他機構能改變的東西。我告訴她，如果她到目前為止都過著把焦點放在「孩子是否正常」的生活，接下來就得更專注於孩子被賦予的樣子，並要加倍關愛。

於是旼俊媽媽向我坦言，孩子在與她和弟弟三人相處時都沒有任何問題，但只要一出門，問題就會開始出現。他雖然不會做出攻擊或妨礙他人的行為，卻會做出不合時宜的舉動。例如，說一些沒有條理、莫名其妙的話，或是說一些不合上課流程的話。

以整體來說，旼俊的媽媽都將焦點放在孩子的缺點上，這點我非常擔心。雖然在某方面我能理解那樣的心情，但我認為她很可能會被自己的擔心搞得疲憊不堪。

「七歲的孩子之所以要去上幼兒園，就是因為在他們成長的過程中，還有許多需要學習的地方。」

我強調著請她記住兒子只是一個尚未完成的七歲孩子。這時旼俊媽媽才向我吐露，她在面對其他媽媽的視線時，總是感到非常畏縮。

真正的問題是其他媽媽的視線。但旼俊一家住的偏偏又是首爾三大教育特區中的其中一區。由於被其他媽媽的視線壓得有些喘不過氣，所以也曾考慮過要搬家。

我小心翼翼地告訴旼俊媽媽，如果他們有搬家計畫，那我會支持。旼俊媽媽的煩惱不僅來自於是孩子，還有和其他媽媽因孩子而產生的糾葛和視線。我告訴她如果覺得自己所屬的團體讓她非常痛苦，那就沒有必要硬撐下去。

最後旼俊媽媽告訴我孩子好像沒有朋友，似乎感到非常孤單的樣子。但我認為問題在於媽媽總是想盡辦法找出孩子的不足之處。當然這是為了想要讓他朝著更好的方向前進而做出的努力，但如果一直尋找孩子不如其他孩子的地方，試著想要努力彌補，就會加深孩子對自己抱持著負面的情感。

想要培養出擁有積極習性的孩子，這樣的育兒非常困難；但要讓孩子心靈受創，這樣的育兒卻非常容易。孩子越是認為自己有所不足，就會越容易變得木訥，要控制起來也相對簡單。

如果打著要讓孩子變好的名號，而經常翻找孩子的不足之處，就會引發惡性循環。無法愛自己的孩子即使和朋友變熟了，也有很高的可能會與他人建立起依存性關係。

沒有朋友就算了，但勉強孩子努力去交無法建立同等關係的朋友，就是來自大人的欲望。那個年紀的孩子應該至少要有一個死黨吧？這只是籠統的既定觀念。弟弟好，哥哥也好，媽媽或是補習班的同學也都很好。

在這個案例中，旼俊最需要做的就是學會愛自己，還有填補自尊的漏洞。如果孩子開始愛自己，即使只交到一個朋友，也能平等地分享美好的友誼。重要的不是朋友的數量和周遭溫暖的視線，而是和家人一起愛著自己的心態。

給成長中家庭的一句話

如果因為一直看到孩子的缺點而覺得疲憊時，請這麼想一想：「這個標準是為了愛孩子而訂的嗎？」

一定要隨時因應ADHD嗎？

兒童患有ADHD（注意力不足過動症）的比例為八比二，明顯較常發生在男孩子身上。有兒子的人即使孩子當下沒有問題，也需要稍微了解一下ADHD。這是為了因應在兒子的好友中有ADHD患者或自己兒子被診斷為患者的情況。

只要與患有ADHD的孩童相處，就會發現這和我們在電視上看到那些極端的孩子有所差距。不了解ADHD的人可能會想像出現大喊大叫、憤怒地亂丟東西等症狀。然而，實際上全部的症狀，就只有比較雜亂無章、難以投入於必須專注的事物上，還有會做出稍微誇張一點的行為或不合時宜的舉動而已。小時候孩子看起來只是比較沒有頭緒，但在上學之後就會開始感受到焦慮和憤怒。這時會引起與其他孩子的紛爭或誤會。

在兒童心智科醫生之間有著「二末三初現象」的說法，這是在說ＡＤＨＤ患童到了國小二年級末、三年級初左右，就會開始伴隨著焦慮和憂鬱等症狀。有一位小兒科醫師在節目中表示那個比率將近高達七成。

另一位兒童心智科醫生則是強調ＡＤＨＤ藥物治療的效果。根據他的說法，只要服用藥物，就不會被他人指責，二次傷害就能跟著消失。為何藥物治療會在全世界如此盛行、是否有孩子在實際服用藥物就能見效等，這些都令人值得肯定。

所以ＡＤＨＤ指的並不是一開始就做出危險行為或滿懷怒意的孩子。就只是原本比較沒有頭緒、無法專注於學校給予的功課上的這個階段，卻被想要矯正他們的人指責和排斥，進而加深了他們憂鬱、焦慮和憤怒等症狀。對孩子們來說，比起ＡＤＨＤ更可怕的，就是來自於社會的視線和指責。

如果聽到有人說出「那就不要那麼吵鬧不就行了？只要安靜一點、乖乖待著就可以了吧」這種話，我說不定會表達出自己的不悅。因為這種話就等同於你去對一個不會跑步的人說「只要往前跑，不就能在跑步比賽中得到第一了嗎？」或對成績不太令人滿意的孩子說「只要努力專心在課本上，不就能得到全校第一了嗎？」

創造出ADHD這個病名的最大功勞，就是揭露出那些孩子並不是故意這麼做的真相。我希望這個社會能將ADHD視為一個人的氣質，並學著包容它。

某天，有位從班導師那裡聽到「ADHD是一種病，所以必須帶去醫院治療才行，學校幫不上什麼忙」的媽媽跑來諮商後大哭一場。我希望各位在說出這些話之前可以更慎重一些。ADHD患童在需要接受治療的同時，也有權利接受教育、得到信任和受到尊重。

對於孩子來說，他們需要的不是同情，而是理解。就像內向的孩子很難在公開場合發表一樣，希望這個社會也能將個性無法靜靜待著的孩子們視為一種氣質。

當然，要在一位老師教授二十多位學生的學校裡，很難一一照顧到每一位無法專注於課題上的孩子。但在這個僅憑考試分數就輕易斷定一個孩子價值和期待的社會裡，患有ADHD的孩子們感受到的孤獨和疏離感的程度其實並不小。自尊低落的孩子即使沒有ADHD，也會充分表現出攻擊性和問題行為。不只是特定的孩子，就連健康的任何人也是一樣。如果成為集團的少數並持續受到指責，他們很快就會被社會給毀掉。

ADHD的患童雖然需要藥物治療，但也需要培養出問題行動的根本解決方案——周遭尊重彼此屬於不同存在的這種態度，還有以此為基礎的自尊培養。

成人如果在公司裡光是一直受到指責，回家之後也會開始懷疑起「我的存在是不是有問題？」在自尊已經低落的情況之下，即使是心態健康的成人，也很難好好照顧自己的心靈，並讓它成長。為了讓自己可以接受他人的指責，並將它昇華來改善自己，就一定得儲備足夠的自尊才行。

如果遇到稍微患有ADHD初期階段的孩子，在指責他的行為之前，請先引導他透過這項氣質來幫助他人，讓他能夠得到這個環境的認可。如果兒子被診斷為ADHD時，請不要將它視為一種障礙，而要把它當成是一種特別的神力。

在美國從業的心理治療師湯姆．哈特曼（Thom Hartmann）就替那些ADHD

兒童取了「獵人基因」這個綽號。我很喜歡這個名字，因為這個綽號本身就帶有一股治癒的力量。如果孩子將自己的存在視為問題而開始討厭自己，就會變得難以治癒。希望我們能夠好好審視一下自己，成為能夠協助孩子找回對於自己存在的信任與愛的父母和教育者。

給成長中家庭的一句話

如果發現自己以特殊視線看待ADHD患童時，請這麼問一下自己：

「我是不是因為孩子的氣質不同，就將他看得太壞呢？」

我想要給予被霸凌的孩子一些勇氣

我有個年紀相差一輪的妹妹，當時身為國中生的我，幾乎是將三歲的妹妹當成女兒來養大。

在妹妹上國中二年級時，曾經一度被排擠得非常嚴重。雖然經歷過霸凌問題的家庭都很清楚，但外界隱約認為「很辛苦吧」的這種感覺，與孩子實際承受那種痛苦的重量完全不同。

回想當時的妹妹，在家裡都好好的，但只要在學校遇到主導霸凌的那群人，講話就會變得吞吞吐吐，甚至連完整的「你好」都說不出口。而我妹妹在語言和思辨方面的能力非常好，甚至還曾在辯論比賽中得獎。

也許被霸凌的孩子都會經歷相似的症狀。只要遇到霸凌自己的對象或到了曾被霸凌的場所，身體就會開始變得不聽話。因此我認為對那些被霸凌的孩子做出「加油！你要去他們面前勇敢說出口。為什麼不說呢？」這種建議，真的非常暴力。如果有這種力量，他們早就辦到了。就是因為沒辦法才做不到啊，但周圍的人似乎無法了解那種情況。

霸凌妹妹的那群女生非常殘忍。每天晚上我們家都會聚在一起和妹妹聊天。她說某天霸凌她的那群人約她一起出去吃飯，但實際到了約好的地點後，發現根本就沒有半個人到場。第二天她們還嘲笑著問她：「妳該不會真的去了吧？」書桌和課本被亂畫是常有的事，甚至還會在妹妹走路時故意到她的面前吐口水。妹妹再也忍不下去了。要忍受那些卑鄙和屈辱，對一個國中二年級的孩子來說還太脆弱了。

媽媽當天用她特有的口才混合一些粗俗的話語，開心地想像她抓住那群女生的頭髮，狠狠罵了她們一頓的樣子。接著建議妹妹，即使無法面對面發火或罵人，未來還是由她先來拒絕對方。

我們一家人愉快地聊著這些，笑說那才是更美好的人生。現在回想起來，妹妹放學回來，全家人聚在一起聊天的時間，真的是非常寶貴。雖然當時的她受到霸凌，但也因為妹妹的煩惱，讓我們全家更緊密地團結在一起，也生出了紐帶。失去一樣東西之後，必定會再得到某樣東西。雖然妹妹因朋友問題過得非常痛苦，但也因此和家人之間的關係變得更加緊密。

孩子和學校的朋友越是親近，家人對孩子生活造成的影響力就變得越小。真感謝我們遇到的不是最差的情況。最糟糕的是需要傾聽並給予照護的最後一道堡壘——家人被情況所制服，對彼此說出尖銳的話。「就是因為你這樣，孩子才會在外面被霸凌」，這種話光是想像，就覺得非常糟糕。

不久後，我帶妹妹去報名參加拳擊健身房。雖然是我提議的，但這從頭到尾都是妹妹自己的選擇。當然，我不是要教會妹妹拳擊，讓她去教訓那群人，只是想告訴她還有另一個世界。我想告訴她，雖然她現在過得非常辛苦，但這個煎熬的世界其實就像是宇宙的微塵一般渺小。

我認為和一群國二女學生相比，與一群在物理上強壯好幾倍的人混在一起的經驗，會有減輕當下所處生活重量的效果。

妹妹出乎意料地適應得很快。不知是因為她自己做出的決定，還是因為好久沒和這麼親切的人混在一起，很快就找回了平靜。如果孩子不小心被霸凌，很多人會建議送去跆拳道場或拳擊場。和那些過於偏激的空間相比，其實只要送去一個孩子自己選擇、不知道孩子現況的空間就好。

還有比運動更重要的事情——親切地迎接孩子，並幫他創造出一個能以健康面貌來結識朋友的全新團體。

經過三個月的修練之後，妹妹的實力一點都沒有進步，但她卻覺得「我是學過拳擊的女人」。

之後妹妹有了不管她們做出什麼提議都敢拒絕的力量。這是很大的進步。妹妹將和朋友一起玩樂的時間全都用在自己擅長的學習上。那年的期中考她在班上得到第一名，在教室裡的地位也隨之迅速攀升。那些加害者再也惹不起妹妹了。

就算是沒有人的錯，這種情況還是可能發生。這時最重要的因素是孩子「是否有一個什麼都能講的人」。不管人有多累，只要有個可以讓他傾吐一切並依靠的人在，就能繼續堅持下去。如果在孩子最危險的瞬間，因為害怕父母或處於因愧疚而無法傾訴的關係，那麼孩子很可能就必須手忙腳亂地迎接極端的狀況。

反之，有可以坦誠和依靠的家人的孩子非常堅強。雖然霸凌就像天災一樣無法預防，但那些不寂寞的孩子擁有著可以有智慧地擺脫問題的力量。我想再三叮嚀囑咐各位，請你們敞開心胸，與孩子建立起可以克服一切的信任關係。請你們成為孩子的力量。

給成長中家庭的一句話

請建立起能帶給孩子力量的對話和關係。「別氣餒！你對我們來說一直都很珍貴。」

孩子每次都挨揍回家

「老師，妳好。我們家旼俊只要和朋友吵架，就會單方面地挨揍回家。我不知道自己該怎麼做才好。」

九歲的旼俊在成為小學生之前，就受到父母「不能和朋友吵架、就算生氣也不能亂丟東西、不可以搶朋友的東西、不可以打人、要和睦相處才行、要懂得分享」的嚴格教誨。旼俊的媽媽對於自己這段時間的育兒，同時感到自豪與自責。

「旼俊媽媽，其實我小時候也常常被打。我媽當時也是這麼想的。她說：『啊，原來是我太嚴格管教，才會讓孩子像這樣一直挨打』，甚至還曾叫我反擊呢。但我還是打不下去，因為我不是那種擁有可以攻擊或毆打他人氣質的孩子。」

「還有分會打人和不打人的氣質嗎？那我該怎麼做才好？」

我在此想要拜託各位養育者這麼做。首先，先幫助孩子原諒自己。像這樣告訴挨揍回家的孩子將會有很大的幫助。

「旼俊，你沒有以暴制暴，真的很棒呢。」

這句話可以幫助他們原諒自己。

如果急著追問「你為什麼挨揍回家？」孩子就會大叫「你不是說不能打朋友！」其實他們心中也明白父母為何會傷心、自己的自尊心為何會受創等。但即使如此，在那種情況之下應該會感到害怕，尤其男孩子們很可能會覺得是自己不夠勇敢才會挨揍，並為此感到自責。孩子有可能在成長的過程中一直挨打，直到一定的年齡為止。

這裡的重點並不是要各位培養出一個打架不會輸的孩子，而是要讓他們相信任何時候都能向父母傾訴自己的痛苦。重要的是要讓親子之間的關係變得更加牢固。

如果養育者能好好認知到孩子在成長過程中遭遇的大多問題，就不會演變成更大的事件。因為可以和學校老師討論，也能由父母直接介入或轉學。

反過來說，在成長期和青春期遇到的大多數問題，都是源自於父母不知道孩子所處的現實狀況。

「反正回家說也只會挨罵。」

如果孩子開始有這種想法，心理上就會變得更加孤立，所以才會努力想要靠自己解決。真正的問題就從這個時候開始展開。

請準確掌握孩子週遭的環境和引起糾紛的原因。重要的是要與孩子進行溝通，仔細了解整個情況。如果溝通能夠順利，問題就已經解決了一半。

給成長中家庭的一句話

請這麼告訴挨揍回家的孩子：「不選擇以暴制暴是非常困難的，但你做到了，謝謝你。」

我可以介入孩子的交友關係嗎？

國小五年級的旼俊很喜歡欺負弟弟，在學校也喜歡以欺負其他同學為樂。但如果對方欺負自己，就會委屈地放聲大哭。旼俊的媽媽一直努力嘗試以訓斥的方式來制止他做出欺負同學的行為，效果卻無法持久。

「其實我是透過網路和實體課程來自學育兒的。我曾去找過那些弄哭我家孩子的同齡朋友，堅定地告訴他們不可以這樣。我原本只打算做到這裡就好，結果在那之後其他的媽媽就開始躲避我了。當然，我那是為了兒子所做的行動，所以她們的反應不會傷到我……但我不知道該用什麼方法有效地向兒子說明不能欺負其他朋友的原因，這讓我感到非常痛苦。」

「妳和兒子的交談還算順利嗎？」

「好像不太順利。」

孩子和媽媽之間難以交談，就代表還沒有找到最重要的問題點。

在我們教兒子什麼東西之前，重要的是必須站在可以溝通的位置上。重要的不是該說什麼話才有說服力，而是站在哪個位置上說話。以媽媽的立場上來看，會覺得這些都是為了孩子好才說的話，但隨著時間推移，對話本身開始消失的原因就是如此。所以說的越多，關係就會變得越不好，只會令人感到惋惜。在這種情況之下，有很多父母都還沒搞清楚原因，就已經開始強烈地表達自己意見。我希望育有兒子的媽媽們，務必記住下面這段話。

在兒子世界裡存在的評價之中，最糟糕的就是「媽寶」。如果媽媽出面解決問題，心裡雖然會感到很痛快，但孩子的評價也會隨之下降。如果需要恢復親子關係，就必須暫時先放下想要教育孩子的心態，專注於恢復彼此間的關係就好。

為了恢復關係，有幾件事要做。首先是減少評判。破壞關係的第一步就是評判。請不要說出「做得很好」或「做得不好」這種評語。在關係不好的狀態之下，如果一直想要傳遞這些訊息，就會讓彼此越來越不自在。如果已經指責兒子的問題長達一年了還是找不到結果，那就必須先放下想要指責問題的心態。

「但有時候還是必須教育孩子啊。例如他刷牙只刷個三秒就結束了，就像是這種時候。」

旼俊媽媽小心翼翼地傾吐在日常生活中的苦水。

「除了刷牙之外，妳還有其他希望孩子改進的地方嗎？」

「當然有啊，多得很。」

「那刷牙在那當中的排序如何？」

「好像沒有那麼重要。」

想要一氣呵成地改變孩子，是不可能的任務。現在是必須在整體上減少評判，對於無法接受的行為訂出優先順序的時候。例如，先專注於學習與道德和危險等相關的社會規則，其他的就歸類成未來的代辦事項。但牙齒還是得刷就是了。

與孩子溝通困難時，請先將焦點放在恢復關係。之後透過孩子聆聽他的立場和情況後，必須先展現出自己對他的支持。請記住，如果現在馬上介入孩子的交友關係，可能會與孩子累積起一道無形的隔閡。

給成長中家庭的一句話

如果說出的話對孩子毫無影響，請先回顧一下彼此間的關係。「唯有先恢復關係，孩子才會聽我的話。」

孩子會希望我插手他的交友問題嗎？

如果孩子在外面被欺負了，我們馬上就會向自己確認這個問題。我是「少教了孩子什麼？現在必須要教孩子什麼才能解決這個問題？」但越是想教孩子，孩子就反抗越嚴重。因為他們想要的不是這些。例如，被主管說了一些不太好聽的話之後，跑去向朋友傾訴苦水。結果朋友卻說「你就是因為在那裡那麼做，主管才會說出這種話」，就會覺得「你當我是不知道才會問你嗎？」而被激怒。

當朋友嘗試在那些想要被同理的點上教育自己時，雖然忍得了一兩次，但如果再三出現這種情況，以後就再也不會想要見到那個人了。這就是為何對方在沒有取得我的同意或諒解的情況之下，隨意提出自己的建議時，就會變成「嘮叨」或「讓關係變得疏遠的廢話」。

我也曾犯過相同的錯誤。進入青春期的妹妹向我傾訴交友問題時，我就是那麼做的。其實我只要坐下來聽她說話，再給予「這樣啊，她為什麼要那樣？」這樣的同理就好了，但我卻沒做到。

「恩雅，妳就是在那裡那麼做，她才會有這種反應。」

正如各位所料，得到了一如往常冷淡的結果。對話停止了，一股不自在的寂靜在我們之間流動。妹妹好不容易開口向我傾訴交友問題，應該不是為了想要得到我的教誨。

兒子也是如此。在外面因交友關係而苦惱和煎熬，選擇向媽媽傾吐時，大多人希望媽媽做到的，應該就只是默默聆聽或給予同理和支持。

如果不好判斷孩子心裡想要得到的是解決方案還是傾聽，就開門見山地問他吧。這種小小的體貼會讓兒子願意信任你，並創造出可以讓大人在危機時刻介入的餘地。

反之，也會遇到一些必須介入的緊急狀況。這時一定要問過孩子，並共享該做出什麼樣的行動再插手會比較好。如果不問孩子就做出錯誤的介入，孩子可能會對媽媽感到威脅。

解決敏感的同齡問題雖然也很重要，但重點在於必須經過正確的程序。這樣在下次遇到類似的危機時，孩子才能想到媽媽是個值得信任、可以共享煩惱的人。

給成長中家庭的一句話

即使覺得孩子的交友關係出了問題，也一定要事先問過孩子。「旼俊啊，家人一直都是站在你這邊的。如果需要爸爸媽媽的幫忙，一定要告訴我們喔。」

我該強迫內向的兒子參與同齡朋友之間的活動嗎？

「老師，我的孩子很難和朋友相處。如果要他們一起玩，他就會在周圍打轉，或是自己跑去跟樹玩。他和長輩反而相處得就很好。只要有同齡的孩子在，他就會感到緊張。問題出在哪裡呢？我該怎麼做才好？」

這是在遲緩或是想要躲避過激習性的兒子身上經常出現的行為。我知道當孩子在不熟悉的關係中感受到壓力，逃避與其他同齡孩子交互作用時，父母就會陷入煎熬，做起事來變得戰戰兢兢。

在我教過的孩子中，發展較為遲緩或強烈拒絕突發狀況的孩子，都會出現相同的習性。以孩子的立場來看，同齡的孩子常會製造出不規律或難以預測的情況，因此在開心的同時，也會讓他們感到焦慮。

如果一再發生這種事情，媽媽的腦海裡就會出現數萬個問題。

「要怎麼做才能讓孩子和同齡朋友玩在一起？」

「看他那麼辛苦，自己一個人玩對他來說是不是比較好？該不會在青春期時也會被排擠吧？」

媽媽會變得憂心忡忡。

因此即使孩子不喜歡，還是會強迫孩子與同齡朋友相處。勉強和其他媽媽建立關係，買一些東西送給同齡的孩子，努力想要替孩子結交朋友。

但只要好好觀察一下這樣勉強湊成堆玩的孩子，就會發現他們不是以平等的關係玩在一起，而是單方面照著某個孩子的指示去做或受到欺負。明明都是朋友，卻以一點都不平等的方式來建立關係。

雖然和同齡朋友相處，培養社交性很重要，但如果會替孩子帶來傷害或壓力，就必須稍微考慮一下了。因為社交性並不完全代表「和同齡朋友相處」這件事。與少數和自己習性符合的孩子深入相處，或與相差一兩歲的孩子相處也是一種辦法。

如果我們帶有「能和同齡朋友好好相處，就是證明孩子健康發展的證據」這種認知，那麼看著兒子和同齡朋友相處不來，就會感到焦心。

先來回顧一下我們的童年吧？有些人什麼樣的朋友都有，而且彼此都相處得非常融洽；有些人則是只和少數幾個朋友默默相處，但還是沒有問題地長大了。

如果有很多朋友，而且能和所有人相處得很好，代表孩子可以開心地過著自己想過的生活，如果不是這樣，那也不算不正常。我們應該將孩子是否能在自己的人生中得到滿足和幸福視為第一順位。請各位大人記住，我們必須先觀察孩子的自尊，這樣孩子即使只交一個朋友，也能堂堂正正地和他站在同等的關係上。

給成長中家庭的一句話

若孩子因同齡朋友問題而煩惱，請這麼告訴他：「只要你覺得幸福就好了。」

第九章

獨立

——教育的最終目標就是獨立

孩子好像不覺得早上起床上學是自己的事，沒辦法獨立準備上學。我看他就只有個子長高，行為舉止還跟個小孩一樣，真叫人無法不生氣。

把這些工作一一交還給孩子吧。孩子的責任感低於自己的年齡時，最大的原因就是他從來都沒有負責過。

不是啊，如果他能自己處理得好，我幹嘛還要這樣盯人？就是因為做不好，我才沒辦法放手。

即使如此還是試著放手會怎麼樣呢？

那他上學就會遲到，也不肯好好寫作業，每天都只顧著玩吧？

沒錯，可能會引發一些問題，但這些事情並沒有想像中的嚴重。教育的最終目標就是獨立。我們總有一天會離開吧？必須將孩子小時候暫時保管的這些選擇權交還給他們才行，但這需要經過一些階段。需要像繼承企業一樣慢慢預告、聆聽孩子的計畫和一步一步放手的智慧。即使害怕，還是得嘗試看看。

我想改變慢吞吞的兒子

有些孩子在和朋友相約出門玩時，前一天就會開始勤快地準備。但面對自己該做的事情，卻總是動作慢吞吞的，尤其是兒子更常出現這種情形。這不是因為他的個性緩慢，而是大多數的孩子——尤其是男孩子，只要遇到有趣的事情就會做得很快，不有趣的事情就會慢慢來。

但他們對於「有趣的事」這方面的見解似乎和媽媽有些不同。除了好玩的事情之外，孩子們也會認為屬於「自己的事」很有趣。例如，雖然可以開心地玩遊戲也很棒，但像是搭公車、學爸爸戴眼鏡、上學等，當他們可以完全靠自己做到這些事情時，就會覺得有趣，並產生憧憬。

反之，如果對於這些事項完全沒有「我的決定權」，就會覺得這是媽媽的事，就連行動敏捷的孩子也會變得動作超級慢，因為這不關他們的事。

我們稍微來聊一下大人的事吧。在開始繳稅之前，我不太清楚韓國到底有哪些稅金。開始上班後，對於花錢這件事情就開始有了實感，看待世界的眼光也稍微變得有些不同。如果覺得這件事有人會替你負責，就會覺得變得漠不關心，興趣和樂趣也會跟著消失。

孩子必須要經歷過責任才會成熟。尤其是對那些感到有氣無力，變得被動的兒子來說，將某個任務全權交給他們執行的這種經驗太重要了。想要刺激一下討厭上學而不想去學校的孩子時，我推薦使用這種方法。

如果想要讓孩子覺得上學是自己的事，父母就試著外宿一兩天，讓孩子自己去上學吧。必須勇敢地放手一次，才能替孩子和父母都注入活力。

當然，這麼做孩子有可能上學真的會遲到。但與未來成為菜鳥上班族後遲到相比，現在遲到的經驗將對他們的人生帶來更多助益。延後給孩子自主權的時機是父母的決定，必須接受孩子在覺得自己沒有選擇權的領域中，只能被動地接受改變。以兒子的立場來說，就會適應「送我去上學是媽媽的工作」，而媽媽會唸著「上學是你的事情，怎麼會變成我的工作？」並將孩子一天的行程攬在自己身上。

媽媽看著孩子想要對學校生活負責的樣子，卻無法肯定孩子。這就像是和婆婆一起共用廚房時，被她叨唸「媳婦，拜託妳也稍微主動整理一下廚房吧！」的感覺一樣。想要讓孩子在自己的領域產生責任感，就務必要放手，讓他成為主人。

當然，如果不顧前後就突然放手，還會產生其他副作用。

「從下週二開始，旼俊就要試著自己上學囉。」

需要花一點時間來進行充分預告，還要先教會他很多東西，才能讓孩子第一次獨立的經驗以美好經驗結束。完全靠自己一個人上學和搭乘大眾運輸回家的經驗，將會替孩子帶來強烈的成就感和變成熟的感覺。

如果孩子已經進入了成熟期，當他問起「我可以去朋友家玩嗎？」徵求同意時，就可以回答他「這種事情你應該可以自己決定了。不過你可以告訴我為什麼會這麼決定嗎？」

「孩子的青春期來了嗎？」

如果你突然有這種想法，就該逐漸在孩子的日常活動和生活習慣上賦予他自主權，並減少提供父母的意見。請記住，時間拖得越晚，就會越難放手。

選擇自己的人生並予以負責的行為，並不是在二十歲開始就能突然學會的，必須要從很早以前就開始接受訓練才能做到。如果各位可以這麼想，應該就會帶來一些幫助。

給成長中家庭的一句話

給予孩子自主權，並從孩子的生活中退一步。請這麼告訴他：「這種事情你應該可以自己決定了。不過你可以告訴我為什麼會這麼決定嗎？」

什麼時候該給孩子選擇權呢？

很多媽媽用假設的方式，充滿擔憂的問我：

「如果給他選擇權，而他真的選擇不做呢？」

因此有時會避諱詢問孩子意見。

父母應該好好區分有哪些領域不該給予孩子自由。例如，雖然必須教會孩子履行和老師約好的「功課」這種姿態，但要在那中間成長多少，必須交由孩子自己決定。雖然我們可以教孩子吃飯要坐好的用餐禮儀，但如果我們強迫孩子要吃下多少食物，就是一種虐待了。

如果孩子偷了東西，我們當然就要管教到底，但卻不能因為他不肯做功課就逼迫他。

「你昨天明明就和我說好了吧！今天要寫兩頁評量！為什麼這麼不守信用？」」我們必須拋下媽媽單方面做出約定並催促孩子達成的假自由，以及以趕鴨子上架的壓迫誘惑法。如果給了孩子選擇權，即使不滿意，也要勇於接受。

「你真的這麼不願意做嗎？我知道了。現在開始，再也不要跟我說你要讀書的這種話了。」

會說出這麼極端的話，就是出自於想要強迫那些強求不來的事情的欲望。為了讓孩子獨立，父母需要做好兩種準備。第一種是「勇氣」。要從兒子騎的雙輪自行車手把上鬆手，需要「即使你有可能會跌倒，但我還是相信你並交付給你」的勇氣。

在將上學的整個流程全權交給孩子自理時，要先做好「說不定會遲到或在學校發生一些小問題」的前提。「雖然交給你了，但絕對不能遲到或發生問題」這種條件是矛盾的。也不能因為說要放手，就突然在某天對孩子說「從今天開始，你的事情就交給你自己處理了」。這麼一來，孩子很可能會因為接連反覆經歷失敗，最後失去自信。將人生交給孩子這件事與經營者將公司交給第二代的過程相似。我們能將媽媽坐在位子上指揮一切看作是錯誤的獨立。孩子需要的是足夠的時間。

某天突然迸出「我不管了，你自己看著辦！」或「你以後就知道了。」這些氣話都無法培養出孩子的自主性。

「下週一開始，媽媽就不介入了，你試著靠自己的力量去上學看看怎麼樣？這週我會協助你，讓你有辦法自己做到。」

分享目標並一起度過準備時間，才能有效地教會孩子獨立。如果有「下週一」這樣明確的目標，媽媽協助準備上學的這件事情意義就會變得不同，會成為「變成我自己的事」之前的明確準備過程。

為了將孩子的東西交還給孩子，第一個需要準備的就是「信任」。孩子會將「媽媽不會隨便操控我的事，而是會信任我並交給我決定」的這種信賴作為養分，更相信自己的選擇，並做好負責的準備。在這裡兒子和女兒之間會有細微的差距。

我在現場見到的女兒們更重視與媽媽之間的聯繫。和媽媽分享所有一切的關係中對她們來說非常自然，並且能從中得到安定。因此在訓練女兒獨立時，必須避免引起她們的焦慮。

兒子在乎展現自己的能力和得到認同更勝於聯繫感。或許正因如此，媽媽和兒子常在獨立的領域發生爭執。

如果你是養育女兒的爸爸，可能會比你想像中更需要一些能讓她們感受到聯繫的細心；如果你是養育兒子的媽媽，可能會需要勇敢地相信兒子，並尊重他們。

請同時考慮到孩子超越性別的固有習性。再過一段時間之後，父母也必須從孩子身邊獨立。所有人都會需要充足的時間和努力。

給成長中家庭的一句話

在突然給予孩子自主權之前，請先這麼告訴他：「下週開始，媽媽就不介入了，你試著靠自己的力量實踐，這週我會協助你，讓你有辦法自己做到。」

孩子誤會我在逼迫他

朋友打電話給我，告訴我她兒子想做音樂，所以我要她告訴孩子「我尊重你的意見」。問題是她只有做到嘴巴上的尊重，背地裡卻私下替兒子打聽工作機會，每到吃飯時間就會強迫孩子接受像爸爸一樣到ＩＴ公司上班的藍圖。她認為音樂只不過是孩子短暫的興趣，最後他還是會照著父母的劇本前往ＩＴ公司上班。

但孩子並沒有那麼言聽計從。某天孩子出現在面前時，整隻手臂上都刺了青，這讓孩子的媽哭了好一陣子。

我將這種清況歸類為趕鴨子上架，只有嘴上假裝尊重，卻沒有真心尊重孩子的選擇時，孩子不會考慮父母說的話正不正確，而且會更加投身自己關心的事情。這就成了一種親子之間的較量。

尊重一定要伴隨真心才有意義。如果只是想讓孩子無論如何都照著自己說的路走，孩子就會想盡辦法逃離父母想要趕他們上去的架子。

如果說自尊是成長最有效率的工具，那麼獨立就是教育的最終目標。給予孩子完全的選擇權，在一旁看著他們，這是一件困難的事情。當媽媽越認為自己是對的，子女和父母就越難從彼此身邊獨立。

接著來到青春期。當孩子意識到自己的獨立本能時，父母才肯緩慢地將自主權交給他們，孩子就會解讀成自己的權利被剝奪了。想盡辦法想要控制孩子的媽媽，必須過了好一陣子才能明白——當孩子真正離家出走或發火的時候、開始訴苦說著「青春期來得太猛了」的時候。到那個時候，我們終究只能認輸。同時還失去了作為教育者和養育者的權威。

雖然小時候需要控制的事情很多，但隨著孩子長大，需要完全尊重孩子選擇的事情也會增加。

育兒上有兩種典型的失誤。一是給予時機還不到的兒童過度的自主權，另一種則是無法賦予長大的孩子正確的自主權。

在限制自由、教導孩子規則時，必須毫不猶豫地教育他們。在孩子自己的選擇應該受到尊重的時候，請好好尊重他們。

教育的本質並不是讓孩子乖乖跟著教育者走，而是陪他們一起打造出可以走向自己道路的跑道。

給成長中家庭的一句話

請將自由和責任同時交給青春期的孩子們。請這麼告訴他：「我會尊重你的選擇。」

孩子說要成為電競選手，我該推他一把嗎？

就讀國三的旼俊夢想成為職業電競選手。無條件支持孩子的旼俊母親，不知現在自己該為孩子的夢想做些什麼而煩惱不已。

「再怎麼說，孩子都已經找到了自己想做的事。我現在該推他一把嗎？」

我這麼回答她：「不，我覺得還是反對比較好。」

「是嗎？我覺得電競選手最近還蠻有前景的……在他年紀輕輕時就推他一把，不好嗎？」

「比起這個問題，倒不如說是如果父母給予支持，有時候反會看不見進展。他是在什麼時候開始想要成為電競選手呢？」

「不久之前。不過他從小開始就很喜歡玩遊戲了。」

有些孩子在父母欣然贊成之後，動機就會減弱。孩子第一次說出自己的夢想時，常常會說出假的夢想。請記住，因為他們還沒有現實感，所以很容易就會脫口說出自己無法負責的話。

例如，孩子說了「媽媽，我要去留學！我想去好好唸個書」，父母就會產生即使借錢也要送他去唸書的想法。因為孩子都說想那麼做了，作為父母當然很想去相信他。但現實是即使送他到了那裡，孩子只玩了遊戲就回來的可能性很大。太容易實現的夢想也很容易破滅。這種不經認真思考、沒有覺悟的夢想，是假的夢想。

所以當孩子宣布要從事某個職業時，請稍微反對並試著說服自己。如果這是假的夢想，總有一天會被揭穿。我們不能支持那種沒有邏輯和信念、無法說服父母的夢想。如果孩子為了說服媽媽開始去了解一些東西，那麼這個夢想從那一刻起才有了現實性。

例如，尋找電競選手可以去上的大學、了解職業電競選手的年薪和一天的練習量、領悟到想要加入團隊必須要有多會玩之後，再找時間好好地問自己一次。對於夢想的現實感是不可或缺的。

不要馬上反對，也不要完全舉雙手贊成。請給孩子一個可以認真面對自己問題的機會。

有人說孩子快速找到夢想就是孝子。而且孩子在找到夢想之後，就會聽見他們慫恿父母說出支持所有一切的話。但是即使支持了他們的夢想，能夠實現的機率也極低。

請記住，錯誤推動尚未成熟的夢想可能會毀掉孩子。沒有充分現實感的青少年，每一次在追逐尚未成熟的夢想而中途放棄時，就會累積一次失敗經驗。

雖然每個孩子的習性都不一樣，但如果在過早的年紀就重複著無法實現自己所選而漂流的經歷，就會失去對自己的信任。很多人說在孩子找到自己想做的事情後，就要馬上支持他。但支持也需要一點將失敗考慮進去的訣竅。

這裡舉個例子。新創公司的代表為了拉到投資，都會有一些必經的過程。大多數的新創公司代表一開始拿來的投資計畫書都很虛無飄渺。在自我感覺良好的計畫書中，受到投資審查員的尖銳提問之後，就會開始找到現實感。不成熟的事業計劃會受到尖銳的攻擊並經過重新調整。

面對審查員尖銳提問的當下，淚水可能會在眼眶裡打轉。但這個過程才是將失敗最小化、體悟到現實感，充滿決定性的瞬間。孩子不成熟的夢想在尋找現實感時，也一定得經歷相同的過程。雖然不是要完全打壓他們的夢想，但孩子必須透過彌補漏洞、說服父母的過程來讓自己逐一得到領悟。

「成為電競選手這條路比想像中還要困難，媽媽不贊成。如果你真的認為自己可以辦到，要不要試著將你的計畫寫成一篇文章來說服我呢？」

比起強烈的反對，孩子需要的從容不迫的反對。

「失敗會讓孩子成長」這句話說的雖然沒錯，但也會替自尊留下難以挽回的創傷。我想告訴各位，在面對兒子的夢想時，父母應該要像那些投資審查員一樣採取尖銳的態度。

請引導孩子獨立認真思考自己的夢想。在孩子說為了成為電競選手想去國外留學時，如果負責搜尋有哪間大學可以唸、有哪些路可以走的人是媽媽，孩子的夢想就會以失敗告終；如果是教給孩子自己查找，就能提高成功機率。

如果孩子認真地了解並制訂好計劃，那麼即使失敗也有意義；反之，若是由媽媽制訂計畫而且孩子成功了，那麼即使現在成功，最後也會出現問題。

即使孩子很聽話，忠實地依照媽媽的計畫執行，最後卻失敗了，那種絕望就會變成媽媽的責任。因此我推薦各位要經常合理地反對兒子制訂的夢想和計畫，並問他「媽媽很擔心耶，你可以試著說服我嗎？」如果孩子說了「好吧，我來試著說服看看，告訴妳我真的辦得到！」來到認真面對自己夢想現實的時候，這時只要默默給予孩子掌聲，支持著他的夢想就好。孩子就這麼跨越了一個逆境。

必須經歷過媽媽反對（對於夢想的逆境），孩子製造出邏輯來說服媽媽（不肯屈服於逆境的挑戰），媽媽被說服後開始支持兒子（克服逆境）這樣的過程，孩子才會成長。我們該傳承給孩子的世界，不是沒有反對聲音的世界，而是「即使在未來的人生中遭到反對，只要用這種方式努力下去，就能克服困難」的感覺。

給成長中家庭的一句話

擔心孩子的決定時，請不要和他對立，而是這麼告訴他：「媽媽很擔心耶，你可以試著說服我嗎？」

需要一些智慧來好好撐過青春期

每天下定決心不對青春期兒子發火的媽媽都有個特徵——會在莫名其妙的瞬間發火。例如，兒子說昨天去上補習班，結果發現他去的是網咖。為了給孩子一個機會，所以忍了下來。然後問孩子吃過飯了嗎，他卻裝作沒聽到。再問了一次「吃飯了嗎？」，孩子的語氣卻不好。

「啊，我都說了現在不想吃。」

雖然已經火冒三丈，但感覺自己最近好像太常生氣了。於是便試著忍耐。在媽媽努力調整心情的這段期間，兒子掏出智慧手機開始玩起遊戲。如果發生在平時也沒什麼大不了的，但在這種情況之下會讓人覺得「瘋了嗎？」媽媽再也忍不下去了。原本應該要追究的是蹺掉補習班的事，現在卻莫名其妙地在手機上爆發。

「我看你成天都在打混！迷手機迷成這樣！」

旼俊覺得傻眼，因為他並不知道媽媽在這段期間內壓抑下來的情緒。

「啊，什麼啦！手機每個人都在玩啊，幹嘛兇我！」

媽媽開始一一列舉孩子的不對。

「我說你！昨天到底去了哪裡？你沒去上補習班吧？為什麼最近總是跟不三不四的人混在一起！嗯？一定是他們把你帶壞的！」

明明只要講到沒去補習班的事情就好了，結果開始扯了一堆。

兒子撇開補習班翹課的事情不談，只針對攻擊朋友一事做出反擊。

「妳又多了解他們了？明明就不認識他們！」

「你最近為什麼都用這種語氣跟我說話？我是你朋友嗎？我很好欺負嗎？」

「啊！所以妳想要怎麼樣！妳又為我做了什麼？煩死人了！」

接著砰一聲地關上房門。好一場完美的爛泥巴戰啊。在管教青春期的兒子時，特別需要做到正中紅心。如果進行狂轟濫炸，最後就會變成你來我往的爭鬥——又叫「兩個都有錯」。

會發生這種問題的第一個原因是來自於不想成為「愛生氣的媽媽」的心態。我們辯不贏青春期的孩子。如果想要安然無事度過孩子的青春期，就要自己好好珍惜「媽媽的心」。要以不和孩子爭吵、不生氣的方式來守護媽媽的心。如果不想成為愛生氣的媽媽，平時就要明確並單純地訂出不希望兒子跨越的底線。還有，當兒子跨越底線時，就必須確實地表現出來。錯過管教時機，累積了幾次為時已晚的情緒後，就會開始狂轟濫炸。

在這種情況之下，結局都不會太好。就只會被當成無法控制憤怒的媽媽而已。在這個時期需要的是「只準確說完該說的話，就立刻閉上嘴巴」的這種智慧。

給成長中家庭的一句話

為了不和孩子打一場爛泥巴戰，請父母這麼告訴自己：「不扯到和今天無關的往事，也不為此發難。」

先生過世了，我很擔心孩子的心情

「孩子的爸爸過世了。或許是因為這個原因，大兒子突然變得很容易煩躁。」

「孩子有說了什麼話，或是特別表現出什麼問題嗎？」

「沒有，就只是一直埋怨我或說他覺得很煩。我想他應該是在忍耐吧。雖然我還挺擔心他的情緒會不會出了什麼問題……因為表面看到的可能不是全部……但我還要工作，所以能和孩子們相處的時間也一直變少，讓我對他們感到非常愧疚。」

「孩子們以前和爸爸的關係特別親嗎？」

「也沒有。因為他生病太久了，最後和孩子變得有些生疏。他因為身體不舒服，所以也很常煩躁……」

「媽媽，在我看來，孩子們可能比我們想的還要沒事。孩子在這方面比我們想的還要堅強。因為我就是那樣的孩子。」

打從我一出生就沒有爸爸。我媽是個未婚媽媽。我在六歲之後也和媽媽分開，稱呼媽媽的一位好友為阿姨，一直借住在他們家直到國小五年級。因為大家都給了我很多關愛，所以我很穩定也很幸福。

不過在上國小二年級時，我被班導師單獨找出來安慰。他說我這個孩子過得明明很辛苦，結果卻很能忍耐。說我一點都不像個小孩，非常地了不起。在我成長的過程中，有很多人聽到我的故事後，就會給予這種評價作為稱讚。

「旼俊，你真有活力呢。」

「旼俊你還好嗎？」

「這孩子沒問題吧？就只是懂事得早，所以才這麼忍著吧。」

可是我一直都沒問題，因為我以為大家都是這麼過活的，完全不懂其他人為何要這麼對我。反倒是長大之後，我才經常覺得自己可憐。即使在成長的當下，沒有感受到真正的不幸，但在之後夠包裝起來的就是人生。如果要說沒有爸爸，又必須和媽媽分開居住是真的非常辛苦的狀況，那麼和任何人相比，應該要由當事者本人自行判斷和感受才對。

但是在特殊環境之下判斷自己的處境時，會看著周圍來決定。如果周圍的人都覺得我很可憐，那就會變得可憐。這裡最重要的判斷標準是和我在一起的其中一方父母。

我媽幾乎沒有向我道過歉。她認為這就是我們的宿命，我們已經在既有的情況之下各自盡力了。

我很喜歡這種想法。

反而到了三十歲之後，她常常跟我說對不起。我覺得她的心軟化了不少。我並沒有因為那句對不起就突然感覺到自己過去的人生非常委屈，或是開始覺得自己很可憐。

但如果是在當時，在我小時候常常聽到這句抱歉的話，也許我會到現在都還在埋怨媽媽吧。

不要為了我們逼不得已的事情感到抱歉。這樣孩子就會開始在自己的問題上貼上「都是媽媽害的」這種標籤。

父親很早過世，對孩子來說可能是一缺陷，也可能會是成長的動力，這完全取決於孩子是如何接受自己的環境。我們所能做到最好的，就是給予他們「你不是個可憐的孩子。這就是我們的宿命，我們可以承受得住。我們會因為這件事變得更好」這樣的觀點。

如果因為一些逼不得已的原因造成兒子的缺陷，希望你不要過度感到愧疚。如果發了沒必要的火，就要道歉。如果無法遵守信用，那也要道歉。但如果是因為一些無可奈何的經濟問題造成匱乏或家庭問題，就不需要感到抱歉。

每個人都需要在無法順利解決自己的問題時，找一個怪罪的對象。媽媽習慣性的道歉，會被孩子用來將自己的問題怪罪到媽媽身上。但我們希望孩子可以在面對自己的問題，不要將它怪罪到家庭或父母身上。

我們雖然無法無中生有創造出一個爸爸或是突然改變經濟狀況，但是可以睜大眼睛看一看，告訴自己所處的情況沒有想像中那麼不利，是充分可以開拓的。希望單親家庭的各位務必要記住這一點。

這裡還有一點要叮嚀大家，比起那些逼不得已的事實，孩子會在被轉達事實的過程中受傷。如果自己的監護人隱瞞訊息，不願意照實告知情況，孩子就會感到焦慮。就像人在沒有被告知事實時會感到焦慮、發現對方隱藏真心就會感到憤怒一樣，孩子也是如此。經濟危機很容易成為家庭危機。但如果能適當分享訊息和做出預告，就能防止家族成員在精神上崩潰。

「我已經盡力了，但最後還是變成了這種情況。人生中難免會遇到一些無可奈何的事。我作為你的監護人，作為你的家長會盡我最大的努力。你也要盡全力生活，讓我們成為彼此的力量。」

如果能做出立場明確和充足的預告並分享情況的話，孩子就能完全接受。

「我真的很對不起你。你就是遇上我才會變成這樣。」如果在說了這些話之後崩潰，孩子就會真的開始把自己的問題推到媽媽身上。孩子所處的環境究竟是真的不幸還是成長的動力，必須要等過一段時間之後才能知曉。

不要對無可奈何的事情過度愧疚。孩子需要的是相信「我們會變好的」。

給成長中家庭的一句話

身在單親家庭中，請常常這麼告訴彼此：「雖然我們處在一個無奈的情況之下，還是感謝有你在我身邊。」

結語
獻給今天又對孩子大吼大叫的你

有位媽媽在某個演講場合中，對我提出了這種要求。她說自己對孩子實在是太生氣了，請我告訴她一句可以用來控制自己的話。當時的我忙得不可開交，所以無法好好向她說明。但今天恐怕也會有媽媽朝著孩子發出怒吼，所以我想要告訴你們這些話。這是很重要的真相，所以希望各位能夠銘記在心。

雖然有很多媽媽會生氣，但孩子們成長得比想像中要好。雖然有很多書造成了父母的不安，深怕自己做錯了一次什麼，孩子就會突然性情大變，但孩子並不是那麼容易就被毀掉的存在。

某天，我看見有一位媽媽在部落格上寫著：「我依照崔旼俊老師的建議，沒有幫孩子畫畫，而是想盡辦法讓他自己動手，這真是太累人了。」我想對那位媽媽說聲抱歉，因為就算出手幫孩子畫畫，他也能茁壯成長。

為了傳達某種理論而舉了一些詳細的內容作為例子，有時候那些事例會變成一個理論來折磨人們。如果有人在看書時感受到這種心情，那我想再次告訴你們，即使不用那麼努力，孩子也是會好好長大。

在寫這本書的同時，我也在無意之間出了不少「要這麼做、要那麼做」的主意。育有兩位子女、必須應付三十名教職員的我也無法完全照著理論生活。有時候會煩惱自己的方向是否正確，也會被教職員和家人發現我不夠好的一面。如果有人想要做到完美的育兒，卻因進行得不太順利而感到自責，那麼希望我這些告白能夠成為你們小小的慰藉。

就算是使出渾身解力，照著書上寫的方式生活，孩子也不會長得特別好。雖然我建議各位要減少獎勵和沒有意義的稱讚，但即使不那麼做，孩子也能順利長大；雖然我建議各位不要生氣，不要帶著不必要的情緒來對待孩子，但也不會因為自己稍微憤怒了一些，就這麼毀掉一個孩子。

如果今天沒有餵完我煮的飯，孩子好像就會長不大的這種錯覺，也會隨著時間流逝而變成過去的往事。一整天都和媽媽唱反調的孩子只要過了一段時間之後，就會自動展現出成熟的一面。

結果教育做的並不是去改變孩子，而是比較接近於陪孩子一起好好共度時光。不過我希望這本書可以在你們搞不清楚時間往哪個方向流動時，成為擊破各位心中那股鬱悶的小小指南。

最後，我寫了八個句子作為本書的總結，希望各位能用以參考。

崔旼俊老師傳達的八個訊息

1. 即使如此還是試著放手會怎麼樣呢？

2. 他們不會因為我們說了一次什麼就改變。

3. 孩子擁有的大部分問題都會過去。

4. 帶給孩子的傷害，大多都是由想要改掉一些小毛病造成的。

5. 比起孩子不聽話，更該擔心的是孩子總是照自己說的去做。

6. 教育的目標終究是獨立。

7. 孩子不會照著我們想要栽培的路線長大。

8. 我們終究會從他們的人生消失。

給不小心又對孩子大吼大叫的你

韓國最強教養軍師的 9 大育兒方案，養出「好好講就會聽」的孩子

나는 오늘도 너에게 화를 냈다

作者 崔旼俊
譯者 賴毓棻
封面設計 楊雅屏
版型設計 顏麟樺
內文排版 許貴華
責任編輯 謝宥融
行銷企劃 蔡雨庭
出版一部總編輯 紀欣怡

出版者 采實文化事業股份有限公司
業務發行 張世明・林踏欣・林坤蓉・王貞玉
國際版權 林冠妤・鄒欣穎
印務採購 曾玉霞
會計行政 王雅蕙・李韶婉・簡佩鈺
法律顧問 第一國際法律事務所 余淑杏律師
電子信箱 acme@acmebook.com.tw
采實官網 www.acmebook.com.tw
采實臉書 www.facebook.com/acmebook01

ISBN 978-986-507-841-6
定價 380 元
初版一刷 2022 年 6 月
劃撥帳號 50148859
劃撥戶名 采實文化事業股份有限公司
10457 台北市中山區南京東路二段 95 號 9 樓
電話：(02) 2511-9798 傳真：(02) 2571-3298

國家圖書館出版品預行編目資料

給不小心又對孩子大吼大叫的你 : 韓國最強教養軍師的 9 大育兒方案，養出「好好講就會聽」的孩子 / 崔旼俊著 ; 賴毓棻譯 . -- 初版 . -- 臺北市 : 采實文化事業股份有限公司 , 2022.06

面； 公分 . -- (親子田系列 ; 52)

譯自 : 나는 오늘도 너에게 화를 냈다 : 엄마들의 고민을 명쾌하게 풀어낸 아홉 가지 현실 육아 솔루션

ISBN 978-986-507-841-6(平裝)

1.CST: 親職教育 2.CST: 育兒

528.2 111005898